죽을만큼 거룩하라

죽을만큼 거룩하라

죽을만큼 거룩하라

저자 찰스 피니
역자 임종원

초판 1쇄 발행 2015. 4. 3.
개정판 1쇄 발행 2019. 11. 5.
개정증보판 1쇄 발행 2025. 2. 25.

발행처 도서출판 브니엘
발행인 권혁선

책임교정 조은경
책임영업 기태훈
책임편집 브니엘 디자인실

등록번호 서울 제2006-50호
등록일자 2006. 9. 11.
서울특별시 송파구 백제고분로28길 25 B101호 (05590)
마케팅부 02)421-3436
편 집 부 02)421-3487
팩시밀리 02)421-3438

ISBN 979-11-93092-35-4 03230

독자의견 02)421-3487
이 메 일 editorkhs@empal.com

북카페주소 cafe.naver.com/penielpub.cafe
인스타그램 @peniel_books

도서출판 브니엘은 독자들의 원고를 설레는 마음으로 기다리고 있습니다.
위의 이메일로 간단한 기획 내용 및 원고, 연락처 등을 보내주십시오.

도서출판 브니엘은 갓구운 빵처럼 항상 신선한 책만을 고집합니다.

죽을만큼
거룩하라

죄를 죽이고 더 나은 그리스도인으로 성장하는 삶

찰스 피니 지음 | 임종원 옮김

Principles of Sanctification by Charles G. Finny

브니엘

찰스 피니가 오벌린대학교의 신학교수로 일하기 시작한 초창기에, 천막에서 열변을 토했던 설교는 대학 자체뿐만 아니라 지역 사회에 큰 반향을 불러일으켰으며, 연이어 일어난 부흥 운동에 큰불을 지피는 계기가 되었다. 오벌린대학교에 모인 거의 모든 사람이 스스로 그리스도인임을 공공연히 고백한 이후로 교수진과 학생을 비롯한 모든 구성원은 더 나은 그리스도인의 삶을 살아가는 법에 관하여 서서히 질문을 던지기 시작하였다. 그리하여 거룩한 삶, 즉 성화의 교리에 관한 문제가 제기되었다.

모든 그리스도인은 세 가지 중요한 교리, 즉 칭의, 성화, 영화에 관한 교리와 친숙해져야 한다. 칭의는 어떤 사람이 그리스도께서 십자가 위에서 완성하신 일을 믿는다고 고백하는 믿음을 통하여 은혜로 그리스도인이 되는 과정에서 맛보는 경험이다. 우리는 예수 그리스도께서 우리를 대신하여 죽으셨다는 사실을 믿는 믿음을 통하여 의롭게 된다. 믿음으로 그리스도인의 삶을 살아가기 위해서는 아무런 값없이, 아무런 공로 없이 선물로 주시는 하나님의 용서를 순순히 받아들이기만 하면 된다. 그렇게 의로워졌을 때라야 비로소 예수 그리스도를 통하여 그분의 양자 된 자녀로서 하나님과 새로운 관계 안에서 살아갈 수 있다.

성화는 이생뿐만 아니라 영원무궁토록 그리스도인의 삶을 살아가는 것과 밀접하게 관련되어 있다. 우리는 믿음을 통하여 하나님의 말씀이라는 진리와 더불어 성령의 내주하심으로 성화된다. 성화란 의롭게 된다는 것이 의미하는 바를 깊이 인식하면서 사랑에 기초한 거룩한 삶, 곧 우리를 사랑해서 구원해주신 거룩한 하나님을 영화롭게 하는 삶을 살아간다는 뜻이다.

영화에는 의로워지고 성화된 사람들의 신체적인 죽음과 육신적인 부활이 포함된다. 언젠가 그리스도인은 영화된 몸을 덧입게 될 것이다. 마치 예수님이 죽음에서 다시 살아나셨을 때 그분이 영화된 인간의 몸을 받으셨던 것과 마찬가지로 말이다. 그리스도께서 이 땅에 다시 오시면 그리스도인은 영화를 경험하게 될 것이다. 그러나 모든 그리스도인은 죽어서 하나님의 나라로 떠나기 전에 개인적으로 이생에서 칭의와 성화를 깨닫고 경험해야 한다.

이것을 적절히 표현하자면 한 개인의 구원은 칭의, 성화, 영화를 포함하는 모든 과정을 포괄한다고 할 수 있다. 이와 같은 이유로, 제대로 구원을 묘사하기 위해서는 세 가지 시제가 모두 사용된다. "나는 이미 구원받았으며, 나는 지금도 구원을 받는 중이며, 나는 언젠가 완전한 구원을 받게 될 것이다." 각각의 시제는 앞서 얘기한 세 가지 개념에 각각 상응하는 것이다. 이 책은 의롭게 된 이후에 성부 하나님, 성자 하나님, 성령 하나님과 올바른 관계 안에서 살아가는 것이 의미하는 바에 관해 매우 중요한 믿음을 다루고 있다. 그렇기에 우리는 이 책을 통해 거룩함, 즉 성화라는 더 나은 그리스도인의 삶에 관하여 철저히 깨닫고 추구하는 완전한 그리스도인으로 한 단계 더 성장하는 계기로 삼아야 한다.

옮긴이 임종원

"평강의 하나님이 친히 너희를 온전히 거룩하게 하시고 또 너희의 온 영과 혼과 몸이
우리 주 예수 그리스도께서 강림하실 때에 흠 없게 보전되기를 원하노라" (살전 5:23).

성화, 하나님의 가장 큰 기쁨

평강의 하나님이 친히 너희를 온전히 거룩하게 하시고 또 너희의 온 영과 혼과 몸이 우리 주 예수 그리스도께서 강림하실 때에 흠 없게 보전되기를 원하노라. 너희를 부르시는 이는 미쁘시니 그가 또한 이루시리라. 데살로니가전서 5:23-24.

모든 토론에서 용어를 정의하는 것은 매우 중요하다. 이 주제에 관해서는 특히 더 그렇다. 지금까지 거의 예외 없이, 여기서 제시하는 관점에 반대하는 글을 썼던 사람들은 '성화'와 '그리스도인의 완전'이라는 용어에 대해 나오는 전혀 다른 방식으로 이해하고 정의하기에 그럴 수밖에 없다는 사실을 알게 되었다.

어떤 사람들은 타인과는 굉장히 다르게, 그리고 우리가 그 용어들을 이해하는 것과는 사뭇 다르게 자기 나름대로 정의를 내린다. 그러고 나서 성화에 대한 우리의 가르침을 계속해서 반박한다. 마치 우리가 자기들의 정의에 따라 성화를 가르치기라도 한 것처럼 말이다.

이것은 불공평할 뿐만 아니라 더 나아가 터무니없는 짓이다. 만약 내가 다른 사람이 가르친 교리를 반대하려면 나는 그 사람이 실제로 주장하는 바를 정확하게 성경에 비추어 반박해야 한다. 만약 그 사람의 견해를 제대로 논박하지 못한다면, 마치 나는 "향방 없는 것 같은 달음질이나 허공을 치는 것 같은 싸움"에 매달리는 것이나 마찬가지기 때문이다.

나는 성화와 그리스도인의 완전이라는 용어에 대해서도 많은 사람이 성경과는 상관없는 전혀 다른 정의를 내놓고 있다는 사실에 깜짝 놀랐다. 이러한 용어가 의미하는 바와 의미하지 않는 것에 관하여 굉장히 다양한 견해가 존재할 수 있다. 어떤 사람들은 그리스도인의 완전이라는 용어 자체를 사용하는 것조차 전적으로 반대한다. 왜냐하면 내 생각에는 전혀 그렇지 않지만 그 사람들이 생각하기에 그 용어에는 그릇된 개념이 상당히 많이 내포되어 있다고 여기기 때문이다. 어떤 사람들은 성화라는 용어를 사용해서는 안 된다고 반대하기도 한다. 그 사람들이 이해하는 바에 따르면 그 용어에는 부적절한 용법으로 사용하는 개념이 상당히 많이 내포되어 있다고 생각하기 때문이다.

이 말들의 용법에 관해 서로 변론하는 것은 내가 목적하는 바가 아니다. 그러나 나는 몇몇 용어를 반드시 사용해야 한다. 내가 이해하는 것처럼 성경적인 의미에서 성경의 표현을 사용하는 것은 마땅히 허용되어야 하기 때문이다. 그래서 그 용어들이 의미하는 바를 충분히 설명하고, 내가 그 용어들을 사용하는 의미를 충실히 정의한다면 그것으로 충분하다. 그렇기에 그 표현에 담긴 의미에 대해 내가 공공연히 고백하는 것을 훨씬 넘어서거나 축소해서 이해하지 않도록 정중히 요청한다.

다른 사람들도 자기 나름대로 그와 같은 용어를 사용하면서 각각 다양한 정의를 내릴 수 있다. 그러나 누구든 내가 말하는 것을 반박하고 싶다면 그 사람은 해당 용어에 대한 나의 정의를 어느 정도 연구한 후에 성경에 비추어서 반박해주길 바란다.

또한 지금까지 어떤 사람들이 그랬던 것처럼 단지 해당 용어에 대한 정의만 나와 다를 뿐인데도 마치 나와 전혀 다른 견해를 보이는 양 행동하지 않기를 바란다. 몇몇 사람은 내가 그와 같은 용어를 사용하는 것과는 상당히 다른 의미로 자기 나름대로 정의를 제시한다. 그런 다음 자기 나름의 정의에 따라 이생에서는 성화에 결코 도달할 수 없다는 사실을 입증하기 위한 주장을 제기하기도 한다. 여태까지 내가 들어본 바로는 그 용어에 대한 그런 식의 정의를 따른다면 여기서든 어느 다른 곳에서든 간에 아무도 이생에서 성화에 도달한 적도, 앞으로 도달할 가능성도 없을 것이다. 그리고 한마디 덧붙이자면 앞으로 임할 저세상에서도 마찬가지일 것이다.

각설하고 본론으로 들어가 성화는 성경에서 자주 사용되는 용어이다. 성화의 단순하고 일차적인 의미는 하나님께 성별된 상태이다. 성화한다는 것은 거룩한 용도를 위해 따로 구별해놓는 것, 즉 하나님을 예배하기 위하여 어떤 것을 성별해두는 것이다. 그렇기에 성화의 상태란 성별의 상태, 또는 하나님을 섬기기 위하여 따로 떼어두는 것을 의미한다. 이것이 구약과 신약에서 흔히 드러나는 성화라는 용어에 관한 가르침이다.

그렇다면 온전한 성화란 무엇인가?

내가 온전한 성화라고 말할 때 그것은 하나님께 모든 존재를 성별하여 올려드린다는 뜻이다. 다시 말해 그것은 도덕법에서 요구하는 대로 하나님 자신과 그분을 섬기는 일에 모든 것을 헌신하는 상태이다. 이 법은 완전하다. 그것은 오직 올바른 모든 것만 요구할 뿐 더는 아무것도 요구하지 않는다. 그 법에 순종하는 것 외에는 완전이나 온전한 성화에 도달하기 위하여 더는 아무것도 필요하지 않다. 아이든 어른이든, 천사든 하나님 자신이든 간에 하나님의 법에 순종하는 것이야말로 각자 완전에 이르는 길이다. 성화는 하나님의 법에 순종하는 것을 제외한 다른 어떤 방법으로도 도달할 수 없다.

온전한 성화와 영속적인 성화 사이에는 어떤 차이가 있는가?

어떤 사람이나 대상을 한동안 하나님께 전적으로 성별하여 올려드릴 수 있다. 그러나 이후로는 그런 신성한 섬김과는 달리 세속적으로 쓰거나 다른 목적으로 타락할 수도 있다. 아담을 비롯하여 "자기 지위를 지키지 아니하고 자기 처소를 떠난 천사들"(유 1:6)은 분명히 이와 같은 정황을 매우 잘 보여준다. 모두 온전히 성화되기는 했지만 영속적으로 그렇지는 못했다. 그러니까 내가 영속적인 성화라는 말에서 의도하는 바는 하나님께 온전히 성별된 상태뿐만 아니라 영원히 끝나지 않는 성별의 상태를 의미한다.

온전한 성화가 의미하지 않는 것은 무엇인가?

하나님의 법은 온전한 성화가 의미하지 않는 것과 의미하는 것에 관한 문제를 판단하는 유일한 기준이다. 그러므로 하나님의 법에 완전히 순종하는 것이 의미하는 것과 의미하지 않는 것에 대해 올바로 이해하는 게 굉장히 중요하다. 이 문제가 매우 중요하다는 사실이 모든 사람에게 명확하게 다가와야 한다. 이 문제를 해결하는 것이야말로 이 책의 가장 중요한 목표 가운데 하나이다.

이생에서 성도의 온전한 성화에 관한 교리는 그것을 명확히 이해하기까지는 절대 만족스러운 해답을 줄 수 없다. 그런데 우리는 그것이 의미하는 것과 의미하지 않는 것을 명확히 알 때까지 그것을 제대로 이해할 수 없다. 우리나 다른 사람들의 상태에 관한 판단은 이러한 문제가 해결되기까지 절대로 신뢰할 수 없다.

그리스도는 완전하셨지만 완전을 이루는 것과 관련한 유대인들의 생각이 너무나 잘못된 나머지, 예수님이 스스로 주장하신 것처럼 그분을 거룩하다고 여기는 대신 오히려 유대인들은 예수님이 귀신 들렸다고 생각했다. 우리 시대에도 역시 어떤 사람이 자신과 다른 사람들에게 걸림돌이 되지 않고서는 이와 같은 상태에 도달했다고 공공연히 고백하기란 불가능하다. 만약 분명하게 완전을 이루는 것이 무엇인지 모든 사람이 이해하지 못한다면 말이다.

그러므로 내가 하나님의 법을 이해하는 범위 내에서, 이제부터 온전한 성화의 상태를 의미하지 않는 것이 무엇인지 설명하려고 한다. 그리스도는 하나님의 법을 이렇게 한마디로 요약하여 설명하셨다. "네 마음을 다하며 목숨을 다하며 힘을 다하며 뜻을 다하여 주 너의 하나님을 사랑하고 또한 네 이웃을 네 자신같이 사랑하라"(눅 10:27). 여기서 그리스도는 피조세계에 대한 인간의 총체적인 의무를 선포하고 계신다.

자, 그럼 이 법에 대한 완전한 순종이 의미하지 않는 것과 의미하는 게 무엇인지 한번 곰곰이 생각해보자. 이러한 문제와 관련된 모호한 개념은 온전한 성화라는 주제에 대해 상당히 많은 오류를 범하게 한다. 이러한 문제를 해결하기 위해서는 하나님의 법을 합법적으로 해석하기 위한 규칙을 명확히 이해하는 것이 필요하다. 그러므로 다음에 열거하는 규칙은 이러한 문제를 해결하는 데 큰 도움을 줄 것이다.

● 규칙 1. 자연스러운 정의에 조화되지 않는 것은 무엇이든 법

이 아니거나 될 수 없다.

● 규칙 2. 도덕적인 존재의 본성과 관계에 조화되지 않는 것은 그것이 무엇이든 자연스러운 정의와 어긋나며, 그러므로 법이 될 수 없다.

● 규칙 3. 인간의 자연스러운 능력 이상을 발휘하도록 요구하는 것은 인간의 본성과 관계에 조화가 되지 않으며, 그러므로 자연스러운 정의와의 관계에서도 조화가 되지 않는다. 그런 까닭에 당연히 법이 아니다.

● 규칙 4. 그러니까 법은 항상 해당 주체의 본성과 조화되도록, 상호 간의 관계와 조화되도록, 그리고 입법자와 맺는 관계와도 조화되도록 이해되고 해석되어야 한다. 도덕적인 존재의 본성과 관계에 모순을 일으키도록 요구하는 어떤 해석도 실제로 그 법을 무시하는 행위이다. 그러한 요구는 사실상 그 법 자체를 파기하는 행위이다. 하늘이나 땅에 있는 어떤 권위자도 그런 법을 만들거나, 도덕적인 행위자에게 그런 의무를 지우거나 그 본성과 관계에 조화되지 않는 것을 요구할 수 없다.

● 규칙 5. 법은 항상 자연스러운 권리나 정의의 전반적인 토대

를 무너뜨리지 않도록 해석되어야 한다. 법은 본질에서 옳은 모든 것, 그러므로 영원무궁토록 변함없이 옳은 모든 것을 요구하도록 분명히 이해되고 설명되어야 한다. 아무리 공포된 법이라도 이와 같은 요구조건을 충족시키지 못하는 것은 무엇이든지 법이 아니며 법이라고 할 수도 없다.

● **규칙 6.** 법은 자연스러운 정의에 조화되지 않거나, 도덕적인 존재의 본성과 관계에 조화되지 않는 것을 요구할 정도로 과도하게 해석되어서는 안 된다. 만약 이와 같은 요구조건이 충족되지 않는다면 그것은 당연히 법이 아니다.

● **규칙 7.** 해당 주체가 소유하지 않은 어떤 속성을 마치 소유한 것처럼 어떤 법을 해석하거나, 또는 마치 그런 속성에 어떤 장점과 완전성이 내포된 것처럼 해석해서도 절대로 안 된다.
둘째 계명인 "또한 네 이웃을 네 자신같이 사랑하라"는 말씀을 구체적인 예로 들어보자. 이 계명에 담긴 단순한 의미는 그 상대적인 가치에 따라 모든 사람과 이해 당사자를 존중하고 대접해야 한다고 가르치는 것처럼 보인다. 그런데 이 계명이 모든 경우에 대해 온 우주에 있는 모든 사람과 대상의 상대적인 가치를 정확하게 알아내도록 우리에게 요구한다고 이해해서는 안 된다. 그것은 감히 우리에게 전지한 속성이 있다고 넌

지시 비치는 교만인 셈이다.

전지한 존재에 이르지 못하는 인간은 누구도 이와 같은 지식을 소유할 수 없다. 그런 까닭에 이 계명은 다양한 이해 당사자의 상대적인 가치를 공정하게 판단하고, 우리가 이해하는 한 각자의 가치에 따라 각 사람을 대접하라고 우리에게 요구하는 것이다. 이 규칙을 다시 한번 되풀이하면 해당 주체가 소유하지 않은 어떤 속성을 마치 소유한 것처럼 어떤 법을 해석하거나, 또는 마치 그런 속성에 어떤 장점과 완전성이 내포된 것처럼 해석해서도 절대로 안 된다는 것이다.

● **규칙 8.** 어떤 법이 우리의 환경 때문에 자연스럽게 가능하지 않은 것을 요구한다고 억지로 해석해서는 절대로 안 된다. "네 마음을 다하며 목숨을 다하며 힘을 다하며 뜻을 다하여 주 너의 하나님을 사랑하라"는 계명을 끊임없이 하나님을 주목하고 생각하며 애정의 대상으로 삼으라고 요구하는 것으로 해석해서는 안 된다. 이것은 우리가 처한 환경에서 명백히 불가능할 뿐만 아니라 분명히 우리가 감당해야 할 의무와 어긋날 수도 있기 때문이다.

● **규칙 9.** 어떤 요구조건과 또 다른 조건이 서로 조화되지 않는 방향으로 어떤 법을 해석해서는 절대로 안 된다. 예를 들어 만

약 첫째 계명이 하나님을 유일한 생각, 주목, 애정의 대상으로 삼도록 우리에게 요구한다는 뜻으로 해석된다면 우리는 자기 이웃을 사랑하라고 요구하는 둘째 계명에 절대 순종할 수 없다. 또한 첫째 계명이 오직 하나님에 대한 묵상과 사랑에만 모든 역량과 능력을 집중시켜야 한다는 뜻으로 해석된다면 온갖 다른 존재에 대한 사랑은 금지되는 동시에 둘째 계명은 한쪽 옆으로 밀려날 수밖에 없게 된다. 그러므로 이 규칙을 되풀이해서 강조하면 어떤 요구조건과 또 다른 조건이 서로 조화되지 않는 방향으로 어떤 법을 해석해서는 절대로 안 된다는 것이다.

● 규칙 10. 영속적인 자비를 요구하는 법은 다양한 환경 아래서 다음과 같은 원칙들, 곧 죄와 죄인에 대한 정의, 긍휼, 분노와 더불어 덕스러운 사람들에 대해 각별하게 탄복하는 존경심을 보이는 것에 동의할 뿐만 아니라 그런 원칙에 적절하고 필연적인 수정을 두루 요구하기도 한다고 해석해야 한다.

● 규칙 11. 법은 반드시 해석되어야 하며, 결과적으로 그 법에서 요구하는 것을 오직 자원하는 사람들에게 적용해야 한다. 자원하지 않는 사람들을 법으로 통제하려고 시도하는 일은 자연스러운 정의와 어긋난다. 어떤 무의식적인 정신활동을 통제

하려고 시도하느니 차라리 자기 마음대로 통제할 수 없는 심장의 박동을 법으로 통제하려고 시도하는 편이 훨씬 더 나을 것이다.

● 규칙 12. 어떤 도덕 행위에서 구체적인 지식은 어떤 의무에 없어서는 안 되는 부분이다. "법을 몰랐다는 핑계는 아무에게도 통하지 않는다"라는 금언은 단지 상당히 제한적이기는 하지만 도덕 행위의 영역에도 얼마든지 적용할 수 있다. 다음과 같은 성경 말씀은 실제적인 지식이 도덕적인 의무에 필요하다는 사실을 분명히 보여준다.

"그러므로 사람이 선을 행할 줄 알고도 행하지 아니하면 죄니라"(약 4:17). "주인의 뜻을 알고도 준비하지 아니하고 그 뜻대로 행하지 아니한 종은 많이 맞을 것이요 알지 못하고 맞을 일을 행한 종은 적게 맞으리라. 무릇 많이 받은 자에게는 많이 요구할 것이요 많이 맡은 자에게는 많이 달라 할 것이니라"(눅 12:47-48). "예수께서 이르시되 너희가 맹인이 되었더라면 죄가 없으려니와 본다고 하니 너희 죄가 그대로 있느니라"(요 9:41).

사도 바울은 로마서 1장과 2장에서 이 주제에 대하여 매우 깊고 장황하게 논증한다. 바울은 양심을 어겼다는 이유로, 이미 알고 있는 진리마저도 따라 살지 않았다는 이유로 이방인들에게 유죄를 선고했다. 이 원칙은 성경 전체에 걸쳐서 두루 인정된다. 곧 지식이 늘어나면 의무도 늘어난다. 성경은 지식이 의무에 꼭 필요할 뿐만 아니라 의무와 동등하다는 사실을 분명히 인정한다. 무지의 죄를 범했을 때 사실상 죄는 무지 자체에 있지, 모르는 것에 대한 태만이 아니다. 그러나 어떤 사람이 현재나 과거에 진리를 확실히 받아들이는 데 게을렀던 것은 유죄일 수 있다. 이방인들은 본성의 빛을 따라 살아가지 않았다는 이유 때문이 아니라, 그렇게 할 기회를 얻기 전까지는 기독교를 받아들이려는 어떤 노력도 기울이지 않았다는 이유로 유죄이다.

● **규칙 13.** 도덕법칙은 신체 법칙과 모순 없이 일관성 있게 해석되어야 한다. 다시 말해 인간에게 도덕법을 적용할 때 신체적인 존재와 지적인 존재로서 둘 다 있는 모습 그대로 인간을 인정해야 한다는 것이다. 이런 식으로 도덕법이 해석되어야 결과적으로 도덕법에 대한 순종이 신체의 법을 어기지 않을 뿐만 아니라 우리 몸을 미숙하게 파괴하지 않을 것이다.

● **규칙 14.** 법은 육체와 영혼의 속성과 환경을 모두 인정하는 쪽으로 해석되어야 한다. 인간에게 하나님의 법을 적용하는 과정에서도 우리는 어떤 사람의 능력과 속성을 실제 있는 모

습 그대로 존중해야 한다.

● **규칙 15.** 법은 각종 행위에 대한 의무로 해석해야 하며, 도덕적인 존재의 본성이나 본질로까지 확대되어서는 안 된다. 아무리 도덕법이라고 해도 인간의 본성에 대한 규제로까지 확대하거나 어떤 사람에게 특정한 속성을 갖도록 요구하는 것으로 이해해서는 안 된다. 도덕법은 단지 행위 규칙을 포괄적으로 규정할 따름이다. 아무리 도덕법이라도 특정한 속성이 존재해야 한다거나 소유해야 한다고 억지로 요구하지 못하며, 또한 이러한 속성이 어떤 완전한 상태로 존재해야 한다고 억지로 요구해서도 안 된다. 도덕법은 이 모든 속성을 있는 모습 그대로 올바로 사용하라고 요구할 따름이다.

● **규칙 16.** 어떤 법에 대해 온 마음을 다하는 순종은 입법자에 대한 믿음과 확신을 의미하고 포함한다. 그러나 어떤 법도 우리의 지성으로 인식하지 못하는 것에 대한 믿음을 요구한다고 해석되어서는 안 된다. 어떤 사람이 잘 알지 못하는 것을 이해해야 한다는 의무감에 사로잡혀 있을 수 있다. 다시 말해 진리를 탐구하여 확실하게 받아들이는 것은 그 사람의 의무일 수도 있다. 그러나 우리의 지성으로 어떤 것을 지각하여 믿음에 이르게 될 때까지 온 마음을 다하여 믿어야 한다는 의무는 적

용되지 않는다.

이러한 규칙들에 비추어서, 이제 우리는 하나님의 법에 대한 완전한 순종, 또는 온전한 성화가 의미하지 않는 것과 의미하는 것에 관하여 다음 두 장에 걸쳐 자세히 알아볼 것이다.

앞장에서 소개한 여러 가지 규칙에 따라서 하나님의 법에 대한 완전한 순종, 또는 온전한 성화가 의미하지 않는 것이 무엇인지 한 번 심사숙고해서 살펴보자.

본질적인 욕구를
완전히 죽인다는 의미가 아니다

온전한 성화란 우리의 영혼과 육신을 이루고 있는 본질에 어떤 변화가 일어난다는 의미가 아니다. 하나님의 법은 이런 것을 요구하지 않는다. 만약 그랬다면 그건 의무가 될 수 없었을 것이다. 왜냐하면 그런 요구사항은 자연스러운 정의와 조화가 되지 않기 때문이다. 온전한 성화란 모든 역량을 현재 있는 모습 그대로 하나님께 완전히 성별하는 것이다. 온전한 성화란 그런 역량 자체의 어떤 변화를 의미하기보다는 단지 그것을 원래 모습대로 올바로 사용한다는 뜻이다.

온전한 성화란 자연스러운 열정이나 충동처럼 타고난 성품을 이루는 체질적인 특징을 완전히 없앤다는 의미가 아니다. 하나님의 법에는 그러한 타고난 특성을 완전히 죽이도록 요구하는 조항이 하나도 없다. 그것은 단지 올바로 인도받아야 할 대상일 뿐이다.

또한 선천적으로 타고난 어떤 욕구나 감정을 완전히 죽인다는 의미가 아니다. 어떤 사람들은 선천적인 욕망과 감정이 그 자체로 죄악이라고 생각해서 온전한 성화의 상태란 그런 것을 완전히 죽여야 하는 상태로 받아들인다. 그래서 이생에서 온전한 성화에 도달할 수 있다는 가르침에 반대하는 사람들은 인간의 기본적인 본성이 죄로 물들어 있다고 추정한다. 그들은 이생에서 온전한 성화에 도달할 수 있다는 교리를 거부하기 위하여 이와 같은 가정에 끊임없이 의지한다.

다시금 하나님의 법에 호소해보자. 그 법이 인간의 체질을 정죄하거나, 인간의 체질 자체 가운데 일부로 적절히 자리 잡은 어떤 것을 완전히 없애야 한다고 요구하는가? 그 법이 식욕을 완전히 없애라고 요구하는가? 아니면 단지 식욕이 마음대로 날뛰지 못하도록 통제하는 정도에 만족하는가? 다시 말해 하나님의 법이 하나님을 섬기고 예배하는 것에 우리 몸과 마음의 모든 욕구와 감정을 성별하는 것 이상으로 어떤 것을 요구하는가?

언젠가 한 번은 어떤 형제가 나에게 주장하기를 인간은 하나님의 법에 끊임없이 순종하기에, 어떤 구체적인 불법행위에 대해서도 유죄를 물을 수 없겠지만 아직 완전히 성화된 것은 아니라고 말했다. 또한 그 형제는 미래의 어느 순간에 죄악을 저지를 수 있는 토대를 구축하는 무언가가 자기 안에 존재할 수 있다고 주장했다.

그래서 형제 안에 존재했던 게 무엇이었는지에 관해 내가 질문하자, 그 청년은 이렇게 대답했다. "도덕적인 존재로 점점 세워져 나아가던 시기에 처음으로 나를 죄악으로 이끈 무언가가 있었습니다." 그래서 나는 그 형제가 처음으로 죄를 짓도록 이끈 것은 자신의 무죄한 본성이었다고 대꾸했다. 마치 아담의 무죄한 본성이 아담을 죄로 이끌었던 것처럼 말이다. 그와 같은 본성에 유혹이 다가오자 아담은 죄악으로 이끌리게 되었다. 아담에게 타고난 무죄한 갈망은 이를 자극하기에 적합한 여러 대상의 존재로 자극을 받게 되자, 죄를 구성하는 금지된 탐닉에 동조하도록 아담을 이끌어가기에 충분한 유혹이 되었다.

이것은 확실히 우리 시대의 모든 인간과 똑같다. 한 사람의 육신과 영혼을 구성하는 실체, 곧 본질은 아무런 도덕적인 특성을 나타낼 수 없다. 그 사람의 본성에 본질적이면서도 그 자체로는 아무런 도덕적인 특성을 나타내지 않는 이러한 갈망이 자극받게 될 때 그것은 금지된 탐닉으로 이끌리게 된다. 이런 식으로 모든 인간은 죄악으로 이끌리게 된다.

만약 어떤 사람에게 처음으로 죄를 짓게 한 요인이 완전히 없어질 때까지 그 사람이 온전히 성화될 수 없다면 그 사람이 육신이나 영혼을 소유하고 있는 한 그 사람은 절대로 온전히 성화될 수 없는 것처럼 보인다. 그러므로 나는 온전한 성화란 선천적으로 타고난 어떤 욕구나 감정을 완전히 죽인다는 의미가 아니라 하나님을 예배하고 섬기는 일에 우리의 모든 존재를 지금 있는 모습 그대로 온전히 성별하는 것이라고 정의하고 싶다.

또한 온전한 성화란 자연스러운 애정이나 분노를 완전히 없앤다는 의미가 아니다. 내가 자연스러운 애정이라고 말하는 것은 어떤 사람이 우리에게 자연스럽게 호감을 줄 수도 있다는 뜻이다. 그리스도는 요한에게 자연스러운 애정을 드러냈던 것으로 보인다. 내가 자연스러운 분노라고 말하는 것은 우리의 존재법칙에 따라 우리가 부정행위나 부당한 대우 같은 것에 분노하거나 반감을 느끼는 게 당연하다는 뜻이다. 그렇다고 해서 우리 스스로 복수하거나 앙갚음하려는 성향이 하나님의 법과 모순되지 않는다는 의미는 아니다.

하나님의 법에 대한 완전한 순종이란 우리가 학대당해도 상처받지 않는다거나 불의를 느끼지 않아야 한다는 의미가 아니다. 다른 모든 도덕적인 존재와 마찬가지로 하나님 역시 불의에 대하여 분노하셨으며 그것은 너무나 당연한 일이다. 우리 이웃을 우리 몸과 같이 사랑해야 한다고 해서 그 이웃이 우리에게 상처를 주더라도 그런 상처나 불의에 대해서 아무런 느낌을 갖지 않는다는 의미는 아니다. 그러나 하나님의 법은 우리에게 부당하게 대우하는 그 사람을 사랑하는 동시에 선대 하도록 요구한다.

온전한 성화란 건강하지 못할 정도로 마음을 흥분시킨다는 의미가 아니다. 앞장의 〈규칙 13〉에 따르면 도덕법칙은 신체 법칙과 모순 없이 일관성 있게 해석되어야 한다고 말한다. 하나님의 법은 분명히 서로 충돌하지 않는다. 아무리 도덕법이라고 해도 신체 구조를 허물어뜨릴 만큼 끊임없이 정신의 흥분 상태를 요구할 수는 없다. 〈규칙 14〉에서 언급한 대로 아무리 도덕법이라고 하더라도 우리의 영혼과 육신의 모든 법, 속성, 환경에 조화되지 않을 정도로 정신적인 자극과 행동을 요구할 수는 없다.

항상 같은 감정을
요구한다는 의미가 아니다

온전한 성화란 몸과 마음의 모든 역량을 언제나 한결같이 온 힘을 다하여 쏟아부어야 한다는 의미가 아니다. 이렇게 하다 보면 우리 몸의 어떤 기관을 비롯하여 모든 기관이 이내 기진맥진하여 망가질 것이다. 몸과 분리된 마음 상태가 실제로 어떤 것이든 그것이 물질적인 기관을 통하여 움직이는 한 끊임없이 흥분 상태를 유지하는 일은 불가능하다. 마음이 강하게 자극을 받으면 필요 이상으로 상당히 많은 피가 두뇌로 흘러들게 된다. 그러므로 두뇌에 염증을 일으켜 결과적으로 정신이상으로 발전하지 않고서는 지나칠 정도로 과도한 흥분은 확실히 오래 지속될 수 없다.

하나님의 법은 생명과 건강에 해악을 끼치는 정서적이거나 정신적인 흥분 상태를 요구하지 않는다. 예수님은 지속적인 흥분 상태에 놓여 있도록 자신을 내버려 두지 않으셨다. 예수님과 제자들이 커다란 감동과 흥분의 시간을 겪었던 경우에는 반드시 거기서 조용히 돌아서서 "한동안 휴식하는 시간을 가지셨다." 하나님과 더불어서 말이다. 그러므로 신앙의 부흥기에 자주 보게 되는 지나칠 정도의 과도한 흥분은 반드시 짧은 시간이어야 하며 그렇지 않으면 분명히 사람들이 정신적으로 이상해지게 된다. 대중적이고 개인적인 관심을 끌기 위하여 잠시 높은 수준의 흥분 상태로 유도하는 일이 때때로 없어서는 안 되는 것처럼 보이기도 한다. 그리고 그 영혼의 필요를 섬기기 위하여 사람들이 다른 영역에 초점을 맞추지 않고 오직 한 곳에만 집중하도록 인도하는 일이 때때로 꼭 필요한 것처럼 보이기도 한다.

그러나 만약 누군가 이처럼 지나칠 정도로 과도한 흥분 상태를 오랫동안 유지하는 일이 필요하다거나 바람직하다거나 가능하다고 여긴다면 그건 이 문제에 지혜롭게 대처하지 못하는 처사이다.

그런데 바로 이것이 교회에서 저지르는 커다란 실수 가운데 하나이다. 교회의 리더들은 생각하기를 부흥이 하나님의 뜻에 인간의 뜻을 순응시키기보다는 대개 흥분된 감정의 상태라고 여긴다. 그러므로 과도한 흥분의 이유가 사라지고 교인들의 마음이 점차 차분히 가라앉기 시작하면 이 사람들은 곧바로 부흥이 내리막길을 걷고 있다고 말한다. 그러나 사실상 감정이 훨씬 덜 흥분되더라도 해당 공동체는 실제로 더 큰 신앙부흥을 경험하고 있을 수도 있다. 종종 흥분은 굉장히 중요하고 없어서는 안 될 부분이기도 하다. 그러나 강력한 의지의 행위가 더욱 중요하다. 그리고 이와 같은 마음 상태는 지나칠 정도로 과도하게 흥분된 감정 상태가 아니어도 충분히 있을 수 있다.

그렇기에 온전한 성화는 항상 똑같은 수준으로 감정, 의지 작용, 또는 지적 노력을 요구한다는 의미가 아니다. 모든 의지 작용이 같은 크기일 수는 없다. 그것이 항상 같게 강력한 이유로 이루어지는 것은 아니기에 언제나 같은 세기일 수는 없다. 사과 하나를 집어 들겠다는 의지 작용이 불타는 집에서 불을 끄겠다는 의지 작용만큼이나 강하게 발휘된다고 말할 수 있겠는가? 아주 고요하고 편안하게 잠자는 아기를 지켜보는 엄마에게 사나운 불길에서 아기를 건져내기 위해 요구되는 것과 같은 의지 작용이 발휘된다고 말할 수 있겠는가?

자, 이제 그 여인이 잠자는 아기를 지켜보는 것과 죽음의 위기에서 아기를 구해내는 것과 마찬가지로 그와 같이 하나님께 헌신한다고 가정해보자. 그 여인의 거룩함은 두 경우에서 같이 강한 의지 작용을 보여줬다는 사실에 있는 게 아니다. 오히려 의지 작용은 두 경우에서 요구되는 일을 각각 성취하기 위해 거의 같이 발휘되었다. 그러므로 누구든지 온전히 거룩해질 수는 있겠지만 각자의 처한 상황, 건강 상태, 관련된 일에 따라 각각 나타나는 애정의 세기는 지속해서 달라진다.

그러므로 우리는 몸과 마음의 모든 역량이 하나님을 섬기는 일에 단단히 붙잡혀 있으면서 하나님 마음대로 하시도록 활짝 열려 있어야 한다. 적절한 신체적, 지적, 도덕적 에너지는 경우마다 그 본성과 환경에서 요구하는 임무를 수행하기 위해 사용되어야 한다. 하나님의 법은 어떤 주제와 모든 주제에 대해서 끊임없이 강한 감정 상태와 정신활동을 유지하도록 요구하지 않는다.

지금까지 내가 말한 것처럼 온전한 성화란 항상 하나님만이 직접적인 관심과 애정의 대상이 되어야 한다는 의미가 아니다. 이것은 사실상 불가능할 뿐만 아니라 우리가 이웃과 자신을 사랑하는 것조차도 불가능하게 만들 것이다.

앞서 나는 이 주제를 다음과 같은 말로 설명하였다. 곧 하나님의 법은 우리 마음에서 우러나오는 최고의 사랑을 요구한다. 이 말이 의미하는 바는 우리 마음에서 최고로 사랑하는 대상이 하나님이어야 하며, 하나님이야말로 최고의 사랑과 기쁨을 올려드리는 가장 커다란 대상이 되어야 한다는 뜻이다. 이와 같은 마음 상태는 우리 삶에서 꼭 필요한 활동 가운데 어떤 것에 동참하는 것, 어떤 일에 관심을 보이는 것, 그 본성과 중요성에 따라 모든 필요한 애정과 감정을 표현하는 것이 서로 완벽하게 조화를 이룬다는 의미이다.

만약 어떤 사람이 하나님을 최고로 사랑하면서 그분의 영광을 높이는 어떤 일에 종사한다면, 그 사람의 시선이 오직 하나님에게만 고정되어 있다면 그 사람의 애정과 행위는 전적으로 거룩하다. 그리고 어떤 사람이 자기의 업무영역에서 반드시 계약을 성사시키기 위하여 한동안 그 일에 몰두할 때 비록 그 사람의 생각이나 애정이 그 시간만큼은 하나님께 머물러 있지 않다고 하더라도 그 사람의 행위는 지극히 거룩한 것이다.

하지만 자기 가족에게 지극히 헌신적인 사람이 겉으로는 일관되게 지극한 애정을 가지고 행동하면서 가족들에게 가장 완전하게 섬기는 모습을 보여줄 수는 있지만 그 사람이 마음속으로는 가족들을 전혀 생각하지 않을 수도 있다. 이처럼 내가 굳게 확신하는 바는 어떤 사람의 도덕적인 마음은 그 사고영역에서 가장 좋아하는 것에 자리 잡고 있다는 점이다.

그에 상응하여 우리 몸의 심장은 생명의 중심이며, 모든 신체조직으로 피를 흘려보내는 곳이다. 이 심장과 도덕적인 마음 사이의 놀라운 비유가 있다. 그러니까 이 비유는 이렇게 이루어진다. 곧 자연적인 심장이 박동을 통하여 온몸의 신체조직으로 생명을 흘려보내는 것과 마찬가지로 도덕적인 마음, 또는 우리의 사고영역을 통째로 사로잡아 가장 좋아하게 하는 것은 인간의 도덕 행위에 생명과 품격을 낳게 된다는 것이다.

내가 수학을 가르치는 교사인데 내 사고영역 속에 자리 잡은 가장 커다란 소원이 이와 같은 특별한 부르심을 통해 하나님께 영광을 돌리는 것이라고 가정해보자. 수학의 복잡한 명제 중 일부를 증명하는 과정에서 나는 몇 시간이고 오직 그 목적을 위하여 내 사고영역의 모든 관심을 쏟아부을 수밖에 없다. 물론 내 사고영역이 너무나 강하게 수학에 사로잡혀 있는 동안에는 내가 직접 하나님에 대하여 어떤 생각을 품거나 하나님을 향하여 어떤 직접적인 애정이나 감정이나 결단을 표현하기란 불가능하다. 그러나 만약 이와 같은 특별한 부르심을 통하여 내가 모든 이기심을 내버리고 하나님을 영화롭게 하는 것을 최고의 목적으로 삼는다면 비록 한동안 직접 하나님을 생각하지 않더라도 내 사고영역은 성화된 상태에 머물러 있는 것이다.

우리의 마음에서 가장 좋아하는 것이 모든 이기심을 몰아낼 때, 그리고 우리의 마음이 부르심을 받았을지도 모르는 어떤 임무를 올바로 실행하도록 요구하는 적절한 세기의 의지 작용, 생각, 애정, 그리고 감정을 드러낼 때 그 마음은 성화된 상태에 머물러 있는 것이다. 어떤 임무를 올바로 수행하기 위한 적절한 정도의 생각과 감정이라고 표현할 때 내가 의미하는 바는 우리의 눈앞에 당면한 어떤 특정한 임무의 본성과 중요성이 요구하는 필요한 생각의 세기와 행위의 에너지를 뜻한다.

이와 같은 진술에서 나는 우리의 뇌를 둘러싼 모든 조직 환경과 더불어 두뇌 자체에서 꼭 필요한 분량의 생각, 감정 등이 충분히 이루어질 수 있다는 전제를 당연한 것으로 여긴다. 만약 우리 몸이 기진맥진한 상태에 놓여 있어 우리 본성에 따른다면, 전혀 달라질 수 있는 정도로 에너지를 발휘하기 힘들다면 비록 그 주체의 중요성이 한참 떨어지기는 하겠지만 그건 아무리 미약한 노력이라도 그 상태에서 하나님의 법이 요구하는 전부일 것이다. 온전한 성화의 상태가 하나님 아닌 다른 모든 것에서 우리 마음을 완벽히 분리하는 상태를 의미한다고 생각하는 사람이라면 누구든지 중대한 실수를 저지르고 있다. 그러한 마음 상태는 이 세상에서 우리가 육신 가운데 있는 동안에는 절대 불가능하다.

지속적인 마음의 평온을 의미하는 것이 아니다

온전한 성화는 단지 지속적인 마음의 평온한 상태를 의미하지 않는다. 심지어 그리스도마저도 지속적인 평온함을 경험하지 못하셨다. 아무런 방해도 받지 않으면서 하나님과 교제를 나누는 상태에서는 마음의 깊은 평안을 누리지만 그분의 마음 가운데 표면적인 영역이나 감정은 종종 커다란 흥분 상태에 머물러 있었다.

여기서 내가 이미 취한 입장을 구체적으로 생생하게 설명하기 위해, 성경에서 이야기하는 예수 그리스도의 이력을 그대로 참고하여 그분에 대해 다시 한번 살펴보도록 하자. 그리스도는 인간의 본성에 따른 온갖 정상적인 욕구와 감정을 소유하고 계셨다. 만약 그렇지 않았다면 그리스도는 "우리의 연약함을 동정하지 못하셨을" 것이며, "모든 일에 우리와 똑같이 시험을 받으실" 수 없었을 것이다(히 4:15 참조). 그리스도는 우리와 비슷한 신체 구조를 지니셨다. 또한 그리스도는 그분의 어머니와 형제들에게 자연스러운 애정을 드러내기도 하셨다. 더불어 그리스도는 상처와 불의에 대한 감각을 지니고 계셨다. 그분은 상처와 박해를 받았을 때 적절한 분노를 표출하셨다. 그러나 항상 크게 흥분한 상태에 머물러 계셨던 것은 아니다. 흥분의 계절을 보내기도 하셨으며 평온의 계절을 보내기도 하셨다. 다른 선한 사람들과 마찬가지로 노동의 계절과 안식의 계절, 기쁨의 계절과 슬픔의 계절을 보내셨다.

어떤 사람들은 온전한 성화의 상태를 균일하고 보편적인 평온한 마음이라고 말한다. 마치 모든 종류의 흥분된 감정은 이와 같은 상태와는 전혀 조화를 이루지 못하는 것처럼 말이다. 단지 하나님을 향한 사랑의 감정이 고조되었을 때를 제외하고 말이다. 그러나 그리스도는 종종 하나님의 원수를 책망하실 때 엄청날 정도로 흥분하는 모습을 보이셨다. 다시 말해 그리스도의 이력을 그대로 따라가 본다면 그분의 평온과 흥분 상태는 각 경우의 환경에 따라 시시각각으로 달라졌다는 결론에 이르게 된다. 귀신 들린 자를 질책하실 때처럼 그리스도께서 때때로 상당히 매섭고 혹독하게 책망하기도 하셨지만 그분은 오직 부르심을 받은 자들과 거기에 합당한 자들에게는 따뜻한 감정을 드러내 보여주셨다.

그렇기에 온전한 성화는 죄나 죄인들을 향하여 아무런 거룩한 분노 없이 지속해서 마음의 평정 상태를 유지한다는 의미가 아니다. 죄에 대한 거룩한 분노는 단지 사랑의 또 다른 모습일 뿐이다. 정의감, 또는 사악한 사람들을 다스리는 처벌이 내려지기를 바라는 마음은 단지 사랑의 또 다른 모습에 지나지 않는다. 그러한 감정은 사랑의 존재에 본질적인 부분이며, 거기서는 주변 환경이 그러한 감정을 드러내도록 요청한다. 성경은 그리스도께서 분노하셨을 때를 언급한다. 그리스도는 종종 거룩한 분노를 드러내셨다. "하나님은 의로우신 재판장이심이여 매일 (악인에게) 분노하시는 하나님이시로다"(시 7:11). 그렇기에 거룩함, 또는 온전한 성화의 상태는 항상 주변 환경이 그것을 요구할 때 얼마든지 분노할 수 있다는 것을 의미한다.

또한 온전한 성화는 아무런 정의감도 없이 단지 연민으로 가득한 마음 상태를 의미하는 게 아니다. 연민이란 단지 사랑의 또 다른 모습의 하나일 뿐이다. 정의, 또는 법을 집행하여 죄를 처벌하기를 바라는 마음 역시 사랑의 또 다른 모습이다. 하나님과 그리스도, 그리고 거룩한 모든 존재는 가능한 모든 환경 아래서 사랑의 또 다른 모습을 다양하게 드러낸다.

그렇기에 온전한 성화란 각자의 가치관, 환경, 관계와 상관없이 모든 사람을 똑같이 사랑하거나 미워해야 한다는 의미가 아니다. 어떤 존재는 행복을 위해 훨씬 더 커다란 역량을 발휘할 수 있으며, 결과적으로 다른 존재들보다 우주에서 훨씬 더 중요한 역할을 할 수도 있다. 공명정대함과 사랑의 법은 우리에게 모든 존재와 대상을 똑같이 존중하라고 요구하지 않는다. 오히려 각각의 성격, 관계, 환경에 따라 적절히 존중하라고 요구한다.

또한 온전한 성화란 우리 주변의 모든 관계에 대해 완벽한 지식을 구축한다는 의미도 아니다. 거기에 순종하기 위해 우리 주변의 모든 관계를 반드시 이해해야 한다고 요구하는 것으로 하나님의 법을 해석한다면 그것은 마치 우리가 전지한 속성을 소유하고 있다는 뜻으로 비칠 수도 있다. 분명히 온 우주에서 어떤 식으로든 우리와 관계를 유지하지 않는 대상은 아무것도 없다. 이 모든 관계를 아는 지식은 분명히 무한한 지식을 의미한다. 아무리 하나님의 법이라도 이와 같은 지식을 요구할 수는 없다. 그러므로 온전한 성화나 하나님의 법에 대한 온전한 순종은 결코 그런 지식을 갖추어야 한다는 의미가 아니다.

그렇기에 온전한 성화란 어떤 주체에 대한 완전한 지식을 의미하는 것이 아니다. 어떤 주체에 대한 완전한 지식은 그 성격, 관계,

영향력, 경향성에 대한 완전한 지식을 의미한다. 온 우주에 존재하는 모든 존재는 각각 다른 존재와 어떤 관계를 맺는 동시에 서로 영향력을 주고받기 때문에 보편적인 지식이나 무한한 지식을 받아들이지 않고서 어느 하나의 주체에 대해 완전한 지식에 도달한다는 것은 있을 수 없는 일이다.

또한 온전한 성화란 그게 무엇이든 어떤 주체에 대해 아무런 실수도 저지르지 않는다는 의미도 아니다. 어떤 사람들은 주장하기를 복음의 은혜가 모든 사람에게 완전한 지식을 보장하거나 적어도 어떤 실수도 저지르지 않도록 도와주는 그런 지식을 보장해준다고 말한다. 이에 대해 상세하게 논의하지는 않겠지만 일단 하나님의 법은 우리 안에서 아무런 오류 없이 어떤 판단을 내리도록 요구하지 않는다는 사실을 분명히 지적하고 싶다. 하나님의 법은 단지 우리에게 있는 모든 진리를 최대한 선용하도록 요구할 따름이다.

그렇기에 온전한 성화란 서로 다른 이해 당사자들의 상대적인 가치를 정확하게 일일이 다 깨닫는 지식을 의미하는 것이 아니다. 〈규칙 7〉을 구체적으로 설명하면서 "또한 네 이웃을 네 자신같이 사랑하라"는 둘째 계명이 모든 경우에서 모든 이해 당사자의 상대적인 가치와 중요성을 정확하게 이해해야 한다는 것을 의미하지 않는다고 이미 분명히 말하였다. 만약 우리가 전지하다고 가정하지 않는다면 그렇게 요구할 수는 없다는 것은 분명한 사실이다.

만약 우리가 온전한 성화에 도달하는 과정에서 우리의 시간을 올바로 부지런히 사용했더라면 충분히 도달했을지도 모른다고 가정한다면 그것은 하나님을 속이는 일이 된다. 아무리 하나님의 법이라고 하더라도 억지로 하나님이나 사람을 사랑하도록 요구할 수는 없다. 그뿐만 아니라 만약 우리가 항상 각자의 성격, 특징, 관심사와 관련된 온갖 지식을 얻기 위해서 우리에게 허락된 시간을 전부 올바로 사용했더라면 하나님과 사람을 제대로 사랑할 수 있었을지도 모른다거나, 만약 하나님의 법에서 요구하는 것들이 이와 같은 의미였다면 온 땅이나 하늘에서 현재 완전하거나 언제라도 완전할 수 있는 성도는 하나도 없을 것이다.

이와 같은 관점에서 이미 잃어버린 것은 이제 잃어버린 것이며, 과거의 태만은 결코 다시금 돌이킬 수 없는 까닭에 우리는 하나님에 관한 지식을 습득하는 과정에서 이미 앞서 잃어버린 것들을 보충할 방안을 찾아야 한다. 그러나 우리는 지식을 습득하는 과정에서 우리에게 허락된 모든 시간을 아무리 부지런히 사용하더라도 우리가 소유할 수 있다고 생각하는 것보다 훨씬 더 적은 지식만을 얻게 될 뿐이라는 사실도 염두에 두어야 한다.

항상 하나님에 관한 지식을 얻는 데다 우리의 마음을 모두 쏟아붓는다고 할지라도 우리는 하나님을 사랑하지 못하거나, 사랑할 수 없거나, 사랑할 만한 능력이 없을 뿐만 아니라 하나님을 더 많이 사랑할 수 있었을지 모른다고 후회하게 된다. 만약 우리가 충분히 습득할 수 있었던 모든 지식이 우리에게 있다면, 그에 따라서 우리가 최대한 하나님을 사랑하는 것이 온전한 성화의 의미라고 이해해야 한다면 나는 거듭 되풀이하여 강조하고 싶다. 만약 그렇다면 온 땅이나 하늘에서 온전히 성화된 성도는 하나도 없으며 앞으로도 절대 없을 것이라고 말이다.

전혀 죄짓지 않는 상태를
의미하는 게 아니다

온전한 성화란 우리가 전혀 죄짓지 않는다면 마땅히 그렇게 할 수 있었으리라고 생각하는 그런 정도의 섬김이나 예배를 요구하지 않는다. 하나님의 법은 우리의 역량이 완벽한 상태에 있다고 의미하거나 가정하지 않는다. 우리의 몸이나 마음의 능력은 우리가 전혀 죄짓지 않는다면 어떤 모습이었을 것인지에 관한 게 아니다. 하나님의 법은 단지 그것이 어떤 능력이든 그냥 우리에게 있는 모습 그대로 사용하라고 요구할 뿐이다. 하나님의 법에 담긴 여러 표현 자체가 단지 우리에게 있는 능력을 최대한 선용하라는 요구를 부연 설명할 뿐이라는 결론적인 증거이다. 이것은 아무리 크든 작든 간에 모든 도덕적인 존재에게 사실이다.

온전한 성화란 우리가 무지하지 않았더라면 마땅히 그렇게 할 수 있었으리라고 생각하는 그런 것이 아니다. 분명히 우리는 하나님을 그다지 많이 알지 못한다. 그러므로 하나님을 더 많이 알았더라면 우리가 죄를 저지르지 않았더라면 마땅히 그렇게 할 수 있었으리라고 생각하는 것보다 훨씬 더 적게 하나님을 사랑할 수밖에 없다. 아니, 그보다 훨씬 못한 정도로 하나님을 사랑할 수밖에 없다.

내가 이미 앞서 언급한 대로 이것은 영원무궁토록 사실일 수밖에 없다. 다른 어떤 죄에 대해서보다 바로 이 문제에 대해서 우리는 어떤 장래의 순종이나 부지런함으로도 결코 그런 형편을 고칠 수 없다. 비록 우리가 항상 자기 의무를 다해왔다고 하더라도 하나님을 알고 그분을 사랑하는 데 마땅한 분량에 결코 이를 수 없다는 것은 영원무궁토록 사실로 남아 있을 것이다.

만약 온전한 성화가 우리의 역량을 완전히 동원하여 충분히 발전시킬 수 있었다고 생각하는 그런 정도의 사랑이나 섬김을 의미하는 것이라면, 여태껏 그런 상태를 경험하거나 앞으로 경험할 만한 성도가 이 땅에서나 저 하늘에서 아무도 없을 것이다. 우리의 역량을 가장 완전하게 증진하고 개선하기 위해서는 가장 완전하게 사용하는 수밖에 없다. 우리의 역량을 완전하게 사용하지 못하는 모든 행위는 그 역량을 최대한 향상시키지 못하도록 가로막는 짓이며 최대한 효과적인 방식으로 하나님을 섬기려는 역량을 축소하는 것이다. 그러므로 모든 죄는 우리의 몸과 마음의 역량을 빼앗고 박탈하는 것이며, 그렇지 않았다면 충분히 그렇게 할 수 있었으리라고 생각하는 섬김의 일을 감당할 수 없다고 여기면서 딱 그 정도만큼만 자신에게 그런 역량이 있다고 간주하는 것이다.

이와 같은 주제를 바라보면서 어떤 사람들은 그리스도께서 정반대의 교리를 가르치셨다고 반박하기도 한다. 자기의 발을 눈물로 씻긴 여인의 경우에 대해 그리스도는 이렇게 말씀하셨다. "이 여자는 이토록 극진한 사랑을 보였으니 그만큼 많은 죄를 용서받았다. 적게 용서받은 사람은 적게 사랑한다"(눅 7:47, 공동번역). 그러나 말씀이 죄를 더 많이 지을수록 점점 더 많이 우리의 사랑이 커진다는 뜻으로 이해하도록 그리스도께서 의도하셨다고 할 수 있는가? 그것이 과연 우리의 궁극적인 미덕이 될 수 있겠는가?

그들의 주장처럼 만약 우리의 미덕이 죄를 지음으로써 정말로 점점 더 나아진다면, 이 세상에 사는 동안 우리가 가능한 한 많은 죄를 짓는 것이 왜 하나님과 사람들에게 유익하지 못한지 제대로 알지 못하는 것이다. 분명히 그리스도는 이와 같은 원리를 주장하라는 뜻으로 위와 같은 말씀을 하시지 않았다. 그리스도는 틀림없이 자기 죄가 얼마나 큰지 진정으로 깨달은 사람만이, 자기가 마땅히 받아야 할 징계에 대해 제대로 의식하지 못하는 사람보다 훨씬 더 많이 감사한 마음으로 사랑을 베풀 거라는 사실을 가르치기 위해서 그렇게 말씀하신 것이다.

그러므로 온전한 성화란 우리가 무지하지 않고 과거에 죄를 저지르지 않았다면 충분히 발휘할 수 있었던 그런 정도의 믿음을 의미하지 않는다. 우리는 아무런 증거나 지식도 없이 하나님에 대한 무엇인가를 믿을 수 없다. 그러므로 우리의 믿음은 진리에 대해 지식으로 인식한 범위만큼 제한받을 수밖에 없다.

이방인들은 굳이 그리스도를 믿어야 할 이유가 없었으며, 그리스도와 관련한 수많은 다른 것에 대해서는 아예 알지도 못했다. 그렇기에 어떤 이방인의 완전함이란 어떤 그리스도인보다 훨씬 더 적은 믿음을 의미할 것이다. 어떤 어른의 완전함은 어린아이보다는 훨씬 더 커다란 믿음을 의미할 것이다. 그리고 어떤 천사의 완전함이란 어떤 사람보다 훨씬 더 커다란 믿음을 의미할 것이다. 그 천사가 하나님에 대해 사람들보다 더 많이 알고 있는 지식에 정확히 비례하는 만큼 말이다.

그렇기에 온전한 성화란 절대로 자연적으로 불가능한 것을 의미하지 않는다는 사실을 언제나 이해하기를 바란다. 우리가 지식이 없어서 알지 못하는 바를 믿는다는 것은 자연적으로 불가능하다. 이와 같은 점에서 온전한 성화란 단지 우리의 지성을 통하여 인식한 모든 진리를 믿는 우리 마음의 믿음이나 확신에 지나지 않는다.

더는 기도와 믿음의 노력이
필요 없다는 게 아니다

온전한 성화는 우리의 기도에 응답하여 모든 사람이

회심하는 것을 의미하지 않는다. 어떤 사람들에 따르면 온전한 성화의 상태란 모든 사람의 회심을 위하여 설복하는 기도를 올려드리는 것을 의미한다고 주장한다. 그러나 이것은 전혀 성경에서 말하는 주장이 아니다. 이에 대해서 나는 이렇게 대답하고자 한다.

첫째, 그렇다면 그리스도는 성화되지 않았다. 왜냐하면 그분은 한 번도 그런 기도를 올려드리지 않았기 때문이다. 둘째, 하나님의 법은 전혀 그렇게 요구하지 않는다. 셋째, 만약 우리에게 그와 같은 결과에 대한 명시적인 약속이 없다면 우리는 모든 사람이 우리의 기도에 응답하여 회심할 것이라고 믿을 만한 아무런 권리를 갖고 있지 않다. 넷째, 그런데 성경에는 그와 같은 약속이 없으므로 우리는 그와 같은 기도를 올려드려야 할 의무 아래 있지 않다. 또한 이 세상이 통째로 회심하지 않는다고 해서 이 세상에 성화된 성도가 한 명도 없다는 뜻은 전혀 아니다.

그렇기에 온전한 성화란 약속된 모든 것이 우리 기도에 대한 응답으로 간주되어서는 안 된다는 의미이다. 다시 말해 만약 우리가 그러한 약속의 존재나 적용점에 대해 아무런 지식이 없다면 그런 것을 반드시 믿음으로 구해야 한다는 뜻은 아니다. 완전한 사랑의 상태는 이미 알고 있는 임무를 완수한다는 뜻이다. 그러므로 엄밀히 말해서 우리 마음속에 아무런 지식이 없는 어떤 것도 우리의 임무가 될 수 없다. 우리가 전혀 모르는 약속을 믿거나 어떤 구체적인 목적에 대하여 제대로 이해하지 못하는 것을 적용하는 게 우리의 임무일 수는 없다. 만약 이 같은 경우에 무슨 죄가 있다면 그건 무지 자체에 있는 것이다. 그리고 여기서 분명히 다시 한번 강조하지만 현재 진리를 아는 일에 태만하여서 그 결과로 흔히 죄를 짓게 되는 것이다. 그러나 죄는 우리에게 지식이 없다는 결과를 낳은 태만함에 있는 게 아니라 무지 자체에 있다는 점을 올바로 인식해야 한다.

성화의 상태란 현재 진리를 아는 일에 태만한 모습과는 조화되지 않는다. 왜냐하면 그러한 태만은 죄이기 때문이다. 그러나 이것은 우리에게 지식이 없으므로 행하지 못하는 것과는 조화를 이룬다. 이와 관련해서 예수 그리스도는 "너희가 차라리 눈먼 사람이라면 오히려 죄가 없을 것이다. 그러나 너희는 지금 눈이 잘 보인다고 하니 너희의 죄는 그대로 남아 있다"(요 9:41, 공동번역)라고 말씀하셨다. 사도 야고보 또한 "사람이 해야 할 선한 일이 무엇인지 알면서도 하지 않으면 그것은 그에게 죄가 된다"(약 4:17 참조)라고 말했다.

그렇기에 온전한 성화란 앞으로 전혀 죄지을 가능성이 없다는 의미가 아니다. 온전하고 영속적인 성화란 성화된 영혼은 일부러 죄를 짓지는 않을 것이라는 뜻이다. 그 영혼이 앞으로 죄짓지 않는 유일한 이유는 전적으로 하나님의 주권적인 은혜 때문이다. 이미 앞서 언급한 대로 성화란 그 영혼이 다시 죄짓는 일이 불가능하거나 있음 직하지 않다고 생각할 만큼 그 주체의 본성에 어떤 근본적인 변화가 일어난다는 의미가 아니다. 하나님의 은혜가 뒷받침되지 않고서도 죄악에 빠지지 않을 영혼은 이 세상이나 저 하늘에서 아무도 없다.

그런 의미에서 온전한 성화란 경계심, 기도, 노력 따위가 이제 더는 필요 없다는 의미가 아니다. 이와 같은 존재의 상태나 다른 어떤 상태에서는 유혹을 이겨내기 위한 믿음이나 경계심이 아무런 필요도 없다고 생각하는 것은 전혀 합당하지 못하다. 우리 영혼의 감수성이 존재하는 한 우리가 어떤 세상에 살든지 상관없이 어떤 의미에서든, 그리고 어느 정도로든 유혹은 존재하기 마련이다. 그리스도는 분명히 유혹과 치열하게 싸우셨다. 그리스도는 경계심을 나타내셨으며 유혹에 가장 강력하게 맞서셨다. 그것이 계속 거룩함을 유지하는 데 있어서 없어서는 안 될 꼭 필요한 부분이었다. "과연 하인이 주인보다 나으며, 제자가 스승보다 나을 수 있겠는가?"

은혜 안에서 성장하지 않아도 된다는 의미가 아니다

온전한 성화란 우리가 이제 더는 그리스도의 은혜에 의존하지 않아도 된다는 뜻이 아니다. 오히려 그 정반대를 의미한다. 온전하고 영속적인 성화는 내주하시는 그리스도의 은혜와 능력에 가장 충실하고 완전하게 의지한다는 뜻이다. 이것이 어떤 사람에게는 온전한 성화가 다음과 같은 의미로 받아들여지는 것처럼 보인다. 가령 성화된 영혼의 본성을 변화시키는 어떤 일이 벌어졌기 때문에, 그러므로 이후로부터 계속 그 사람은 순전히 자기 혼자 힘으로도 거룩함을 유지할 수 있다고 말이다. 이와 같은 생각은 진리와 전혀 맞지 않는다. 그 사람이 발걸음을 뗄 때마다 단순히 그리스도를 신뢰하는 법을 배우지 못한다면 그 사람의 본성에는 그 어떤 변화도 일어나지 않을 것이다. 그러므로 우리는 그리스도의 지속적인 은혜를 끊임없이 배우도록 그리스도의 능력을 계속해서 받아야 하며, 은혜 안에서 자라가야 한다.

여기서 많은 사람은 "은혜 안에서 자라가라"는 명령에 대해 죄를 점차 포기하는 것을 의미한다고 이해하는 것처럼 보인다. 이러한 부류의 사람들은 생각하기를, 흔히 우리가 죄를 그만 짓게 된다면 이제 더는 은혜 안에서 자라날 여지가 없다는 것이다. 성경은 그리스도께서도 은혜 안에서 자라갔다고 진술하고 있으며 여기서 원래 사용된 것과 똑같은 단어가 그 명령에서도 사용되었다. "예수는 지혜와 키가 자라가며 하나님과 사람에게 더욱 사랑스러워(charity, 은혜) 가시더라"(눅 2:52).

만약 은혜 안에서 자라는 것이 점차 죄짓지 않는다는 의미라면 하나님은 사람들에게 즉시 모든 죄악을 내던지라고 명하시지 않았을 것이다. 어차피 사람들이 점차로 죄악을 다 포기할 수밖에 없으니 말이다. 그러므로 사실상 은혜 안에서 자라간다는 것은 죄를 즉각적으로 포기한다는 뜻이다. 은혜 안에서 자라간다는 것은 하나님의 사랑 안에서 자라난다는 것이다. 그러므로 사도 누가가 그렇게 말했을 때 과연 누가는 은혜 안에서 자라는 데 꼭 필요한 것이 정통 교회에서 이해하는 것처럼 단지 죄를 점차 포기하면 되는 것으로 생각했을까? 나는 모든 성도가 영원무궁토록 하나님의 은혜와 하나님을 아는 지식 안에서 계속 자라날 거로 생각한다. 그러나 이것이 성도들이 하늘나라에 들어가기 전에는 전혀 거룩하지 않다는 의미는 아니다.

또한 온전한 성화의 상태란 성화된 영혼이라고 해서 어느 때든지 항상 자신의 감정과 행위가 완벽하게 옳다고 스스로 확신한다는 의미가 아니다. 그 사람이 어떤 의무규정에 관하여 의구심을 품는 경우도 얼마든지 발생할 수 있다. 그리고 어떤 특별한 경우에는 자신이 정확히 올바로 행하고 있는지 알려고 하지만 별다른 조사, 성찰, 기도 없이 그냥 어찌할 바를 몰라 당황스러운 경우도 얼마든지 생겨날 수 있다. 만약 그 사람이 그런 특별한 경우에 대해 하나님의 법을 정확히 적용했다고 확신한다면 그 양심이 하나님의 법에 제대로 순응했는지 아닌지 한결같이 알려줄 것이다. 그러나 만약 그 사람이 그 법을 분명히 이해하지 못하는 경우가 생겨난다면 어떤 특정한 행위나 감정 상태의 정확한 도덕적인 특성에 관하여 그 마음을 만족시킬 정도로 이해하기 위해서는 충분한 시간, 생각, 기도, 부지런한 탐구가 필요하다.

예를 들어 어떤 사람이 죄 때문에 강한 분노가 일어나는 쪽으로 감정이 움직인다고 스스로 느낄 수 있다. 그래서 그런 종류의 분노나 그 정도의 분노가 혹시 죄는 아닌지에 대하여 의심하기 시작할 수 있다. 그러므로 이 문제를 해결하기 위해서는 자기 점검과 깊은 마음의 성찰이 요구될 수 있다. 모든 분노가 죄스러운 것은 아니라는 게 확실하다. 또한 죄에 대해 어떤 특별한 종류의 분노와 어느 정도의 분노는 필요하다는 점도 확실하다. 더구나 사탄의 공격에 대한 우리의 가장 거룩한 조치는 가장 맹렬한 반격을 가하는 것일지도 모른다. 사탄은 우리에게 맹렬한 비난을 퍼부은 나머지 한동안 우리가 마음의 진정한 상태를 판단하기 어렵게 만든다. 그런 까닭에 아무리 성화된 영혼이라도 여러 가지 다양한 유혹으로 마음이 무거워질 수도 있다.

또한 온전한 성화란 다른 사람들이 그것을 진정한 성화로 순순히 인정할 거라는 의미가 아니다. 온전한 성화에 어떤 의미가 담겨 있는지를 현재 교회에서 보여주는 여러 가지 관점으로는 진정으로 성화된 영혼이 교회에서 그렇게 인정받기란 거의 불가능하다. 교회의 관점으로는 성화된 신자들이 성화된 영을 지녔다고 주장하는 것에 관하여 대다수 그리스도인은 분명히 의심하고 비난하려 들 것이다.

예수님이 거룩한 영이 아니라 악한 영이 들렸다고 믿었기에 오히려 유대인들은 단호하게 그런 식으로 주장하였다. 거룩함에 대한 유대인들의 관념이 너무나 뒤틀려 있었기에 유대인들은 틀림없이 하나님의 성령이 아닌 다른 어떤 것에 예수님이 사로잡혀 있다고 추정하였다. 예수님이 그 당시에 통용되었던 정통적인 가르침과 유대교 지도자들의 불경건함을 통렬히 비판했던 까닭에 유대인들은 전적으로 그렇게 확신하였다. 그와 마찬가지로 교회가 현재 세상에 굉장히 많이 물들어 있기에 거룩한 영에 사로잡힌 성화된 성도들의 영과 신앙을 그릇되게 책망할 수도 있다.

지금까지 내 인생에서 어떤 사람들에 대해 겪었던 가장 격렬한 반대는 교회 지체들이, 심지어 일부 복음 사역자들이 보여준 태도였다. 내가 믿기에, 그것도 내가 아는 한 가장 거룩한 성도들이라고 생각하는 사람들을 향한 비판이었다. 그러한 성도들에 대한 이토록 험악한 비판을 목격하고서 나는 엄청난 충격을 받았을 뿐만 아니라 이루 다 말로 표현할 수 없는 상처를 받았다.

언젠가 신문기자들이 그리스도인의 완전이나 온전한 성화에 관한 사례를 들어달라고 요청한 적이 있었다. 그런데 온전한 성화의 상태가 무엇을 의미하는지, 무엇을 의미하지 않는지 제대로 알지도 못하는 교인들에게 그런 사례를 제시한다는 게 도대체 무슨 유익이 되겠는가? 오히려 난 이렇게 묻고 싶었다. 무엇이 이와 같은 온전한 성화의 상태를 구성하는지를 교회 안에 있는 사람들이 서로 동의하고 있는가? 온전한 성화의 상태가 무엇을 의미하는지를 서로 동의하는 사역자들이 도대체 얼마나 된단 말인가? 교회와 사역자들이 굉장히 놀라울 정도로 이 주제에 관하여 너무나 무지하다는 사실을 제대로 모르고 있지 않은가? 그러므로 위선자나 자신을 속이는 자라고 절대로 의심받지 않을 거라는 확신이 없다면 이와 같은 상태에 도달했다고 담대히 고백할 수 있는 사람은 아무도 없을 것이다.

거룩한 습관에 의존하여
형성된다는 의미가 아니다

　　온전한 성화의 상태란 순종을 확실하게 보장해주는 거룩한 습관을 형성한다는 의미가 아니다. 어떤 사람들은 온전한 성화의 상태에 도달했다고 공공연히 고백하는 것은 터무니없는 짓이라고 말해왔다. 그게 하나님의 법에 순종한다는 뜻일 뿐만 아니라 우리가 절대로 다시는 죄짓지 않도록 확실하게 보장하는 거룩한 습관을 완벽하게 형성한다는 의미라는 생각을 토대로 그렇게 주장했다. 그 사람들이 주장하는 바에 따르면 어떤 사람이 다시는 죄짓지 않도록 중단시키는 힘을 지닌 거룩한 습관을 형성하기까지 얼마나 많은 거룩한 행위를 반복해야 하는지 쉽게 단언할 수 없는 것과 마찬가지로, 언제 그 사람이 완전히 성화되었는지 구별해낼 수 없다는 것이다. 이에 대한 나의 대답은 이것이다.

　　첫째, 하나님의 법은 그런 거룩한 습관의 형성을 요구하는 것과는 아무런 관련이 없다. 하나님의 법은 현재의 순종에 만족한다. 단지 현재 이 순간에 우리가 오직 하나님께만 모든 역량을 동원하여 완전히 헌신하기를 요구할 뿐이다. 그러므로 어떤 경우에도 우리가 이제 더는 죄짓지 않도록 확실하게 보장하는 그런 거룩한 습관을 형성하지 못했다고 해서 전혀 불평할 필요가 없다.

둘째, 다시는 죄짓지 않도록 확실하게 보장해줄 만큼 그렇게 거룩한 습관을 형성할 때까지 어떤 사람이 절대로 완전히 성화되지 않는 게 사실이라면 아담은 타락 이전이라도 온전한 성화의 상태에 이르지 않았으며, 또한 천사들 역시 타락 이전에도 그런 상태에 도달하지 못했다고 말해야 한다.

셋째, 만약 이와 같은 관점대로라면 우리가 알 수 있는 한 하늘에서라도 온전한 성화에 도달했다고 정직하게 고백할 수 있는 성도나 천사는 아무도 없다. 왜냐하면 다시는 죄를 짓지 않도록 확실하게 보장할 만큼 그렇게 거룩한 습관을 창조하기까지 그와 같은 존재들이 충분히 거룩한 행위를 수행했는지를 우리는 알 수 없기 때문이다.

넷째, 온전한 성화란 거룩한 습관의 형성으로 이루어지는 게 아니며, 전혀 이와 같은 것에 의존하지도 않는다. 온전하고 영구적인 성화는 모두 예수 그리스도 안에 있는 하나님의 은혜에만 유일하게 기초한다. 거룩함 가운데 인내하는 것은 오직 내주하시는 성령님의 영향력에만 속하는 것이다. 그것은 우리가 형성하거나 앞으로 형성하게 될 어떤 거룩한 습관으로도 확실하게 보장되는 게 아니다.

또한 온전한 성화란 슬픔이나 정신적인 고통으로부터 완전히 벗어난다는 의미도 아니다. 그것은 그리스도도 그렇지 않으셨다. 또한 온전한 성화는 우리가 과거에 지은 죄를 애통해하는 것과도 전혀 모순되지 않는다. 또한 온전한 성화는 우리가 더 적게 죄를 저질렀더라면 충분히 소유했을지도 모르는 건강, 활력, 지식, 사랑이 이제는 우리에게 없다고 후회하는 것과도 전혀 모순되지 않는다. 우리는 주변 사람들을 위하여 애통해할 것이다. 그것은 인간의 죄성이나 고통이라는 관점에서 슬퍼하는 것이다. 이러한 것은 모두 온전한 성화의 상태와 조화되는 것이며 사실상 그러한 상태의 자연스러운 결과이다.

그렇기에 온전한 성화는 인간 사회에서 살아가는 우리의 삶과 전혀 모순되지 않는다. 그건 이 세상의 여러 풍경과 뒤섞이는 것이며, 이 세상에서 벌어지는 여러 가지 일에 동참하는 것이다. 어떤 사람들은 생각하기를 우리가 거룩해지기 위해서는 이 세상에서 물러나야 한다고 말한다. 그러면서 수도원이나 수녀원으로 물러나서 거룩한 삶에 자신을 전적으로 헌신한 사람만이 온전한 성화에 들어간 사람이라고 말한다. 하지만 나는 이처럼 인간 사회에서 자신을 자발적으로 배제시키는 상태는 성경에서 말하는 거룩함과는 절대 조화되지 않을뿐더러 우리의 이웃을 사랑하라는 하나님의 법을 명백히 어기는 행위라고 강조하고 싶다.

강론을 계속 진행해나가기 전에 내가 앞장에서 이러한 해석의 규칙들을 제시한 이유는 결론적으로 당신이 직접 여러 가지 원칙을 적용할 수 있도록 도와주기 위한 것이라는 사실을 알아주었으면 한다. 그러면서 나는 다음과 같은 사실을 덧붙이고자 한다.

이 주제에 관하여 지금까지 내가 한 모든 논의는 하나님의 법이 완전의 기준이라는 사실을 인정하는 것이다. 그러나 그리스도인의 완전이나 온전한 성화를 구성하는 것들을 정의하는 과정에서 때때로 우리 인간은 이런 기준을 완전히 망각한 나머지, 과연 이 법에 대한 순종이 무엇을 의미하는지, 그리고 무엇을 의미하지 않는지와 같은 명백한 질문을 거의 제기하지 않는다. 이 기준으로 모든 것을 판단하는 대신에 오히려 사람들은 그것을 완전히 망각한 것처럼 보인다.

한편으로 사람들은 하나님의 법에서 현재와 같은 상태에 있는 인간에게 전혀 요구하지 않는 것들을 제시한다. 그리하여 오히려 성도들이 영속적인 종살이에서 벗어나지 못하도록 걸림돌을 놓고 함정을 파놓는다. 이것이 성도들을 겸손하게 만드는 길이라고 여기면서 성도들의 능력의 범위를 훨씬 넘어서는 기준을 제시한다.

또한 다른 한편으로 실제로는 사람들이 하나님의 법을 폐기하여 이제 더는 거기에 얽매이지 않으려고 한다. 게다가 하나님의 법에서 의미하는 것들 역시 폐기하여 단지 일종의 비능률적인 감상주의나 완벽주의에 지나지 않는 요구사항 외에는 아무것도 남겨놓지 않으려고 한다. 그런데 이런 요구사항이 드러내는 모습과 결과는 나에게 단지 하나님의 법에서 요구하는 것 이외의 다른 어떤 법에도 의존해서는 안 된다는 결론에 도달하게 한다.

이 질문에 답하면서 나는 앞에서 소개한 하나님의 법에 관한 여러 가지 내용을 되풀이하여 언급할 것이다. 우리 마음에 각인시키기 위해서는 이보다 더한 방법이 없기 때문이다.

의지에서 비롯되는
하나님을 향한 최고의 사랑

사랑은 온전한 성화가 의미하는 모든 것을 아우르는 총화이다. 그렇다면 온전한 성화를 이루기 위해서는 도대체 어떤 종류의 사랑이 요구되는가? 여기에는 하나님을 향한 사랑과 인간을 향한 사랑이 모두 포함된다.

먼저 하나님을 향하여 발휘되어야 하는 사랑이다. 그것은 단순한 감정이 아니라 마음에서 우러나오는 사랑이어야 한다. 여기서 내가 사용한 마음(heart)이라는 말은 의지(will)를 뜻한다. 일반적으로 사용되는 용어인 감정(emotion), 또는 느낌(feeling)은 항상 무의식적인 마음 상태이다. 우리의 감정은 간접적으로 의지의 통제 아래 있을 때만 도덕적인 특성을 갖는다. 느낌은 선택이나 의지 작용이 아니며, 물론 행위를 다스리지도 못한다. 그렇기에 감정과 느낌은 스스로 의지를 표출하는 사랑의 마음이라 할 수 없다.

감정의 한 형태인 사랑은 의지와 상반되는 모습으로 존재하기도 한다. 우리는 자기의 양심이나 판단과는 대조적으로, 그래서 우리의 의지와는 어긋나게 사랑의 감정을 표출할 수도 있다. 이것이 바로 우리가 마음의 의지와는 다르게 느끼는 사람들을 향하여 사랑의 감정을 표현하는 동시에 싫어하는 사람들에게도 가끔 사랑의 감정을 표출하는 이유이다.

그와 마찬가지로 죄인들도 그리스도인이 되고 싶어서 구원이라는 주제에 대하여 강한 감정을 느끼면서도 자기 의지가 하나님과는 전혀 다른 방향으로 움직이는 모습을 보게 된다. 그러므로 위선자들은 종종 하나님을 향하여 깊은 사랑의 감정, 죄에 대한 슬픔, 그리고 온갖 다른 부류의 감정을 경험하면서도 자기 의지는 완전히 이기적인 채로 하나님과는 정반대 방향으로 치닫게 된다. 대다수의 경우에 감정이 의지와 나란히 움직이는 것은 사실이다. 그러나 종종 상반되는 모습을 보이기도 한다. 하나님의 법은 의식적인 마음의 상태를 요구한다. 다시 말해 하나님의 법은 의지에 대한 권리를 주장한다. 의지는 행위를 다스린다. 그러므로 하나님은 마음이나 의지에서 비롯되는 사랑을 요구하시는 것이다.

자비는 우리가 하나님을 향하여 보여주는 사랑의 여러 가지 변형된 모습의 하나다. 자비란 좋은 뜻을 품는 것이다. 확실히 우리는 하나님을 향하여 이와 같은 종류의 사랑을 드러내 보여주어야 한다. 우리가 하나님에 대하여 좋은 뜻을 보여주어야 한다는 것은 이성의 명령, 양심의 명령, 상식의 명령이자 절대 변하지 않는 정의의 명령이다. 하나님에게 우리의 선한 뜻이 필요한지나 우리의 선하거나 악한 뜻이 어떤 식으로 그분에게 영향을 미칠 수 있는지는 그다지 중요하지 않다. 문제는 우리가 하나님의 필요를 존중하는지가 아니라 하나님에게 소중한 게 무엇인가 하는 것이다. 하나님은 우리의 사랑과 선의를 소중히 여기신다.

하나님의 안녕은 분명히 그 자체로 무한히 좋은 것이다. 우리도 그것을 소중히 여겨야 하며, 그렇게 하려고 해야 하며, 그것을 누려야 한다. 우리는 그 본질적인 중요성에 비례하여 그것을 하고 싶어 해야 하며 그것을 누려야 한다. 하나님의 안녕은 분명히 중요한 문제이기에 우리는 온 마음을 다하여 그렇게 하려고 해야 하는 의무감을 가져야 한다.

이와 같은 사랑의 또 다른 변형된 모습은 정중함, 또는 존경심이다. 하나님의 성품은 무한히 선하시다. 우리는 자비로운 사랑으로 하나님을 사랑해야 하며, 하나님의 성품에 대해 최고 수준의 존경심을 드러내 보여주어야 한다. 우리가 "하나님은 선하시며 사랑이시다"라고 말한다는 것은 하나님이 사랑받기에 합당하신 분이라고 고백하는 것이다. 만약 하나님이 그분의 선하심과 사랑 때문에 사랑받기에 합당하신 분이라면, 하나님은 그분의 선하심과 사랑스러움에 비례하여 사랑받기에 합당하신 분이다. 그러므로 우리가 감당해야 할 가장 커다란 의무는 하나님을 향하여 우리가 할 수 있는 최고 수준의 정중한 사랑을 드러내 올려드리는 것이다. 이러한 진리는 성경을 통해, 이성을 통해, 양심을 통해, 상식을 통해 충분히 확인될 수 있다.

이와 같은 사랑의 또 다른 변형된 모습은 감사이다. 모든 도덕적인 존재는 누구나 하나님으로부터 끊임없이 은혜를 내려받고 있다. 그렇기에 감사의 형태로 드러내 보여주는 사랑, 또는 온전한 감사를 드러내 보여주는 사랑은 도덕적인 존재로서 우리의 보편적인 의무일 수밖에 없다.

결코 간과되어서는 안 되는, 이와 같은 사랑의 또 다른 특색은 공평함이다. 이것은 우리가 이기적인 이유로 하나님을 사랑하는 것이 아니라는 뜻이다. 우리는 단지 있는 모습 그대로 하나님을 자비로운 마음으로 사랑해야 한다. 하나님의 안녕은 무한한 선이기에 우리는 정중함으로 하나님을 사랑해야 한다. 하나님의 성품은 무한히 뛰어나기에 우리는 온 마음을 다하여 하나님을 사랑해야 한다. 왜냐하면 모든 미덕이 그와 같은 마음에 속해 있기 때문이다. 공평한 사랑에 미치지 못하는 어떤 것도 미덕이 아니다.

예수님은 이와 같은 진리를 인식해서 가르쳐주셨다. "너희가 만일 너희를 사랑하는 자만을 사랑하면 칭찬받을 것이 무엇이냐. 죄인들도 사랑하는 자는 사랑하느니라. 너희가 만일 선대 하는 자만을 선대 하면 칭찬받을 것이 무엇이냐. 죄인들도 이렇게 하느니라. 너희가 받기를 바라고 사람들에게 꾸어주면 칭찬받을 것이 무엇이냐. 죄인들도 그만큼 받고자 하여 죄인에게 꾸어주느니라. 오직 너희는 원수를 사랑하고 선대 하며 아무것도 바라지 말고 꾸어주라. 그리하면 너희 상이 클 것이요 또 지극히 높으신 이의 아들이 되리니 그는 은혜를 모르는 자와 악한 자에게도 인자하시니라. 너희 아버지의 자비로우심같이 너희도 자비로운 자가 되라"(눅 6:32-36).

이 말씀은 이 주제에 대한 성경의 가르침을 한마디로 요약하면서 이기적인 이유로 하나님이나 다른 어떤 대상을 사랑하는 것은 미덕이 아니라는 진리를 명백히 설명해준다.

이와 같은 사랑의 또 다른 특색은 어떤 경우든지 그것이 최고가 되어야 한다는 점이다. 하나님을 최고로 사랑하지 못하게 하는 모든 것이 우상을 숭배하는 마음 상태라는 뜻이다. 만약 어떤 것이 하나님보다 더 많이 사랑을 받게 된다면 그것이 바로 우리의 마음에 하나님으로 자리 잡게 될 것이다.

　나는 어떤 사람들이 '최고'라는 용어를 '최상급'이 아니라 '비교급'의 의미로 이해하고 있다는 사실에 매우 놀랐었다. 그 사람들은 사랑의 하나님 법이 최고의 사랑 그 이상을 요구한다고 추정했다. '최고의'(supreme)와 '최고로'(supremely)에 대한 사전적 정의는 "가장 높은 수준에서"(in highest degree), "지극한 정도로"(to the utmost extent)이다. 그렇기에 우리는 하나님의 법이 우리 몸과 마음의 능력으로 뒷받침할 수 있는 한 가장 높은 헌신을 하나님께 드려야 한다. 만약 그 사랑이 정도 면에서 최고가 아니라면 그것은 불완전하여 전적으로 하나님께 받아들여지지 않을 것이다.

단순한 욕구가 아니라
인간을 향한 순수한 사랑

　다음으로 우리와 동시대를 사는 다른 사람들을 향하여 드러내 보여주어야 하는 그런 종류의 사랑에 대해서 알아보자. 다른 사람을 향한 사랑은 단순한 욕구나 감정이 아니라 마음에서 우러나오는 순수한 사랑이어야 한다. 다른 사람을 선대 하고 싶어 하며, 괴로워하는 사람을 불쌍히 여기며, 고통받는 사람을 향하여 강한 연민의 감정을 느끼는 것은 매우 자연스러운 일이다. 그러나 이러한 감정은 미덕이 아니다.

우리가 다른 사람을 선대 하고 싶어 할 뿐만 아니라 실제로 그렇게 하겠다는 구체적인 의지를 갖고 있지 않다면 그것은 아무런 소용이 없다. "내 형제들아 만일 사람이 믿음이 있노라 하고 행함이 없으면 무슨 유익이 있으리요. 그 믿음이 능히 자기를 구원하겠느냐. 만일 형제나 자매가 헐벗고 일용할 양식이 없는데 너희 중에 누구든지 그에게 이르되 평안히 가라, 덥게 하라, 배부르게 하라 하며 그 몸에 쓸 것을 주지 아니하면 무슨 유익이 있으리요. 이와 같이 행함이 없는 믿음은 그 자체가 죽은 것이라"(약 2:14-17).

사도 야고보는 다른 사람에게 선행을 베풀고 싶다는 단순한 소망은 물론 선한 행실 대신에 좋은 말만이라도 그 자체로 충분할 수 있지만 참된 미덕은 아니라고 우리에게 가르친다. 그렇기에 우리는 단지 선한 소망을 품는 대신 선한 의지를 품고 그에 합당한 행함을 보여야 한다. 선한 의지를 품지 않는다면 참된 거룩함도 행할 수 없다.

사람들에 대한 자비는 거룩한 사랑을 가장 멋지게 드러내 보여주는 일이다. 비록 이것이 이미 앞에서 언급한 것에 포함되기는 하지만 그와 같은 사랑은 확실하게 표현되고 설명될 필요가 있다. 그것은 우리가 다른 사람을 향하여 선한 의지를 분명히 드러내 보여야 한다는 명백한 이성의 명령이자 양심의 명령이며 상식의 명령이자 절대 변하지 않는 정의의 명령이다. 우리는 다른 사람의 행복을 기뻐해야 하며 각 존재의 상대적인 가치에 맞게 그 사랑을 증진하려고 노력해야 한다. 그리고 각 사람에게 합당한 구체적인 선을 베풀겠다는 의지를 품어야 한다.

덕스러운 사람들을 향한 정중함(존경심)은 인간에 대한 거룩한 사랑의 또 다른 변형된 모습이다. 나는 여기서 덕스러운 사람들만을 향한 사랑을 말하고 있다. 왜냐하면 각자의 특성과 관계없이 모든 대상을 향하여 자비를 드러내 보여줄 수도 있지만 우리는 단지 거룩한 사람들을 향하여 자비를 드러내 보여줄 수 있는 권리가 있기 때문이다. 사악한 사람들을 향해 자비를 드러내 보여주는 것은 그 대상만큼이나 사악해져야 한다는 뜻이다. 그러나 거룩한 사람들에게 온전한 자비를 드러내 보여주는 것은 자신이 거룩해진다는 뜻이기도 하다.

거룩한 사랑은 모든 경우에서 공평해지는 것이다. 내가 여기서 사용한 공평이라는 말은 이기적인 존재가 자신을 향해 가지고 있는 그런 정도의 사랑을 의미하는 것이 아니다. 왜냐하면 이기적인 존재가 가진 자기 사랑은 가장 큰 이기심이기 때문이다. 자기 사랑과 이기심 사이에는 커다란 차이가 존재한다. 자기 사랑은 우리의 본성에서 원래부터 타고난 행복에 대한 갈망과 비참함에 대한 두려움이다. 그러나 이기심이란 과도한 자기 사랑이며 자신의 행복만을 최고의 목적으로 삼는다. 그러므로 다른 사람의 관심사와 행복을 중요한 자리에 두지 않으면서 자신의 상대적인 가치가 요구하는 대로 행동하는 까닭에 이기적인 마음은 스스로에 대한 최고의 사랑만을 드러내 보일 뿐이다.

그런데 하나님의 법은 최고 수준의 사랑으로 우리 이웃을 사랑하라고 요구하거나 그런 여지를 남겨두지 않는다. 왜냐하면 그것은 우상 숭배가 될 수 있기 때문이다. 그러나 "우리 이웃을 네 자신처럼 사랑하라"는 명령은 우리가 최고로 사랑하는 것보다 자신을 덜 사랑해야 한다는 뜻이다. 그리고 다른 사람의 상대적인 가치가 요구하는 것보다 자신의 행복과 관심사를 더 중요하게 여겨서는 안 된다는 뜻이다. 그렇기에 우리는 자신을 향하여 마땅히 드러내 보여주어야 하는 그런 합당한 정도의 사랑으로 이웃을 사랑해야 한다.

공평한 사랑이라고 해서 우리가 자신에게 어울리는 적절한 관심사를 무시하면서까지 다른 사람의 필요를 돌보아야 한다는 뜻은 아니다. 하나님은 모든 사람에게 그 안에서 활동할 수 있도록 특정한 영역을 정해주셨으며 각 사람이 돌보아야 할 특정한 사명도 정해주셨다. 그것이 무엇이든지 간에 이와 같은 일은 자신이 아니라 하나님을 위하여 이루어져야 한다. 그것이 누구든지 간에 다른 사람의 일을 돌본다는 핑계로 자신의 특별한 부르심을 소홀히 여기는 것은 하나님의 법에서 요구되지도 용납되지도 않는 일이다.

우리는 다른 사람의 일을 섬긴다고 해서 자기 가족에게 소홀하지 말아야 하며 우리 아이들의 양육에도 소홀해서는 안 된다. "누구든지 자기 친족, 특히 자기 가족을 돌보지 아니하면 믿음을 배반한 자요. 불신자보다 더 악한 자니라"(딤전 5:8). 우리는 하나님을 위하여 이러한 의무들을 섬겨야 한다. 어떤 사람도 다른 사람을 돌본다는 핑계로 하나님이 자신에게 허락한 가족을 소홀히 해서는 안 된다.

하나님의 법은 술 취하거나 부도덕하거나 게으른 사람들에 대해 우리의 재산을 함부로 탕진하도록 요구하거나 허락하지 않는다. 이것은 우리가 그런 사람들의 절대적인 필요를 전혀 구제해서는 안 된다는 뜻이 아니라 오히려 그 사람들의 악한 생활양식을 책망해야 한다는 뜻이다. 또한 이 법은 다른 사람들이 우리의 재산에 빌붙어 염치없이 살아가면서도 타인을 돕는 데는 전혀 동참하지 않도록 요구하거나 허용하지 않는다. 또한 이 법은 투기적인 목적이나 어떤 식으로든 이기심을 조장하는 곳에다 돈을 빌려주도록 요구하거나 허용하지도 않는다.

내가 사용한 공평한 사랑이라는 말은 우리가 자신을 위하여 마땅히 행해야 하는 것과 같은 수준의 사랑을 의미한다. 이것은 합당할 뿐만 아니라 자신의 행복을 위하여 적절한 관심을 보이는 것은 우리의 당연한 의무이다. 우리 주변에 있는 다른 사람들의 행복을 위해서 행하도록 요구되는 그런 정도의 관심 말이다.

거룩한 사랑의 또 다른 특징은 한쪽으로 치우치지 않는다는 것이다. 다시 말해 이것은 친구뿐만 아니라 원수에게까지 확장된다. 그렇지 않으면 그것은 이기적인 사랑이며, 앞서 인용한 말씀에 등장하는 구세주의 책망 아래 놓이게 된다.

"너희가 만일 너희를 사랑하는 자만을 사랑하면 칭찬받을 것이 무엇이냐. 죄인들도 사랑하는 자는 사랑하느니라. 너희가 만일 선대하는 자만을 선대 하면 칭찬받을 것이 무엇이냐. 죄인들도 이렇게 하느니라. 너희가 받기를 바라고 사람들에게 꾸어주면 칭찬받을 것이 무엇이냐. 죄인들도 그만큼 받고자 하여 죄인에게 꾸어주느니라. 오직 너희는 원수를 사랑하고 선대 하며 아무것도 바라지 말고 꾸어주라. 그리하면 너희 상이 클 것이요 또 지극히 높으신 이의 아들이 되리니 그는 은혜를 모르는 자와 악한 자에게도 인자하시니라. 너희 아버지의 자비로우심같이 너희도 자비로운 자가 되라"(눅 6:32-36).

그 진실성을 이해하기 위하여, 우리가 다른 사람을 향하여 보여주어야 할 그런 종류의 사랑에 이와 같은 시험이 적용되어야 한다. 하나님의 사랑은 원수를 사랑하는 것이다. 하나님은 원수를 사랑하기 위하여 자기 아들을 보내주셨다. 우리의 사랑도 그와 같은 종류의 사랑이 되어야 한다. 그 사랑은 친구뿐만 아니라 원수에게까지 확장되어야 한다. 만일 그렇지 않다면 그 사랑은 편파적이고 이기적인 사랑일 뿐이다.

오직 하나님만을
영화롭게 섬기려는 온전한 순종

온전한 성화란 모든 알려진 하나님의 뜻에 우리 마음

과 삶을 완전히 순응시킨다는 의미이다. 그것이 어떻게 알려져 있든 지 간에, 일단 우리에게 알려진 한 신체적인 법칙과 도덕법 둘 다에 순응한다는 뜻이다. 이것은 하나님에 대한 완전한 확신을 의미하는 까닭에 우리는 기꺼이 하나님의 주권적인 통치에 모든 일을 내맡겨 야 한다. 이런 확신은 분명히 자신이나 다른 사람들, 우리의 일시적 이거나 영원한 관심사, 교회나 세상의 관심사에 대한 온갖 염려와 부적절한 걱정을 모두 날려버릴 것이다.

또한 하나님의 뜻에 완전히 순응한 영혼은 절대로 하나님의 섭 리를 불신하여 어떤 일에 대하여 극도로 흥분하는 염려의 상태에 빠 져들지 않는다. 도리어 그러한 영혼은 어떤 경우에든지 어린아이 같 은 믿음으로, 그것이 어떤 방식으로 나타나든지 간에 하나님의 뜻에 순종하면서 즐거워한다.

그렇기에 온전히 성화된 영혼은 하나님의 뜻에 자신의 욕망과 열정을 순복시킨다. 내가 이미 앞에서 말한 바와 같이 아담의 죄는 하나님의 뜻을 행하기보다는 자신의 욕구를 만족시키는 것을 더 좋 아했다는 데 있었다. 이것이 바로 모든 인간이 저지르는 죄이다. 이 것이 바로 이기심의 본질이자 역사이다. 하나님의 법에 대한 온전한 순종은 우리 육신이나 마음의 어떤 욕구를 이미 잘 알려진 하나님의 뜻과 충돌하면서까지 충족시키지 않는다는 뜻이다. 그러면 우리의 육신과 영, 그리고 우리의 혼이 하나님께 온전히 성별 된 상태로 유 지될 것이다.

또한 온전한 성화란 하나님을 영화롭게 하고 섬기려는 지극한 성향을 의미한다. 우리 인생을 다스리는 원리는 하나님을 영화롭게 하는 것이다. 우리는 이제 더는 다른 어떤 목적을 위하여 살아서는 안 된다. 우리가 바라는 모든 것은 단지 이 목적을 이루기 위한 수단이라고 여겨야 한다. 생명과 건강, 음식과 의복, 주택과 가구, 우리가 소유한 다른 모든 것은 이 한 가지 원대하고 흥미진진한 목적, 곧 하나님의 영광을 위한 수단으로 여겨야 한다.

그렇기에 성화된 영혼은 어떤 다른 악을 저지르는 것보다 하나님의 마음을 불편하게 만드는 것을 훨씬 더 크게 두려워하게 된다. 이것이 바로 최고의 사랑이 의미하는 것이다. 하나님을 최고로 사랑한다고 말하면서도 어떤 다른 악을 두려워하는 것만큼이나 하나님의 마음을 불편하게 만드는 것을 두려워하지 않는 것은 모순이다.

만약 이 세상의 친구보다 하나님을 더 많이 사랑한다면 우리는 그 친구의 마음을 불편하게 하는 것보다 하나님의 마음을 불편하게 만드는 것을 더 크게 두려워하게 될 것이다. 만약 자신보다 하나님을 더 많이 사랑한다면 우리에게 어떤 나쁜 일이 일어난 것보다 하나님의 마음을 불편하게 만드는 것을 더 크게 두려워하게 될 것이다. 만약 자신의 영혼보다 하나님이 우리에게 더 두렵다면 우리는 자기 영혼을 잃는 것보다 여전히 죄 가운데 그대로 남아 있는 것을 더 크게 두려워하게 될 것이다.

하나님의 임재를 의식하면서
나누는 친밀한 교제

　　온전한 성화란 하나님의 임재가 머물러 있다는 사실을 의식하고 있다는 의미이다. 이 말뜻은 이미 내가 앞서 얘기한 것처럼 하나님이 항상 우리의 생각, 관심, 그리고 애정의 직접적인 대상이 되어야 한다는 의미는 아니다. 그런데도 언제나 하나님의 임재에 대한 강한 의식이 우리 안에 자리 잡고 있어서, 이것이 우리의 모든 삶에서 가장 중요하고 효과적인 영향력을 미쳐야 한다.

　　대부분 사람은 어떤 대상의 존재에 대해서 어떤 식으로든 의식하거나 확신한다고 느낀다는 게 어떤 양상인지 경험적으로 알고 있다. 이 대상은 그 순간에 우리 사고영역의 직접적인 목적은 아니다. 세상 어떤 왕의 임재 가운데 있거나, 또는 재판관이 지켜보는 가운데 있는 사람은 자신이 처해 있는 위치를 의식하고 그러한 임재나 시선 아래 행동하면서 계속하여 경외심을 갖고 품행을 조심할 것이다. 비록 그 사람의 마음은 당면한 일을 처리하는 데 온통 집중하느라, 세상의 왕이나 재판관을 자기 생각, 관심, 애정의 직접적인 대상으로 삼지 않을지라도 말이다.

　　이와 같은 의미에서 성화된 영혼은 언제 어디서든지 하나님의 임재가 머물러 있다는 의식을 갖게 될 것이다. 반드시 추구해야 할 것으로부터 한 발짝 물러서 있을 때조차도 그 마음은 자연스럽게 하나님께로 돌아가 이보다 훨씬 더 높은 의식으로 하나님의 임재를 인식하게 될 것이다. 하나님의 임재에 대한 의식은 우리에게 너무나 강한 인상을 남기면서 우리를 압도하기에 도저히 우리의 입으로 다 표현할 수 없지만 그것은 경험상의 문제로서 오히려 하나님과 동행하는 모든 사람에게 매우 친숙한 것이다.

또한 온전한 성화는 아무런 방해를 받지 않은 상태에서 깊이 있게 하나님과 친교를 나눈다는 뜻이다. 그러나 여기서 많은 사람이 흔히 저지르는 실수를 바로잡아야 할 것 같다. 많은 사람은 하나님과 나누는 교제를 단지 달콤한 평안과 기쁨이라고만 여긴다. 그러면서 우리의 영혼이 친교를 나누는 시기에 흔히 경험하는 뜨겁게 타오르는 사랑 정도로만 하나님과의 교제를 인식한다. 그러나 분명히 하나님은 과거의 죄와 어리석은 행동을 우리에게 상기시키실 때에도 성화된 영혼과 함께 소통하고 친교의 시간을 가지신다. 이처럼 하나님은 우리가 성화된 상태를 유지할 수 있도록 과거의 잘못을 그런 관점으로 바라보게 하셔서, 이루 다 말할 수 없는 부끄러움과 자기 혐오와 자기 경멸로 우리의 영혼을 채우기도 하신다.

우리는 이와 같은 마음 상태를 어둠의 상태로 바라보는 경향이 있으며 하나님이 우리에게 그분의 얼굴을 숨기고 계신다고 생각하기도 한다. 그런데 사실상 이와 같은 때보다 더 철저하게 빛 가운데 거할 수 있는 경우는 결단코 없다. 사실상 그 같은 경우에 사람들은 과거 어느 때보다 더 가까이 하나님과 함께 있을 수 있다. 이런 경우에 확실히 사람들의 생각은 단지 기쁨으로 온 마음을 가득 채우는 달콤한 천상의 이상에만 사로잡혀 있지는 않을 것이다. 오히려 커다란 기쁨을 선사하는 그런 달콤한 진리 못지않게 중요한 생각에 사로잡혀 있거나, 거룩한 상태를 지속하는 데 있어서 없어서는 안 될 소중한 영적인 일에 사로잡혀 있을 것이다.

하나님을 알지 못하는
무지에서 벗어나는 것

온전한 성화란 이미 우리가 하나님을 섬기는 일이라고 알고 있는 것에 관한 지식을 얻기 위하여 시간의 부지런한 청지기가 되어 그 일을 위해 자신을 성별시키는 것이다. 내가 앞서 이야기한 대로 "아무리 그 법을 모른다고 하더라도 누구도 거기에서 면제되지 않는다"라는 금언은 도덕적인 영역에서 제한적이긴 하지만 하나님의 통치 아래서 실제적인 지식은 어떤 의무에 대해서도 없어서는 안 될 부분이다. 또한 무지의 죄에 관하여 그 죄는 무지 자체에 있는 것이지 우리의 사고영역에서 모르고 있는 것들을 실행하지 못하는 데 있는 것이 아니라고도 말했다.

이제 이런 실수를 피하고자 여기서 중요하게 강조해야 할 것은, 우리에게 정보를 얻을 수 있는 적절한 수단과 기회가 있는데도 우리가 해야 할 일을 하지 않는 무지는 항상 죄라는 것이다. 이의 경우에 무지의 죄는 그로 인해 일어나는 모든 태만과 같은 것이다. 엄밀히 이야기하자면 어떤 일을 해야 한다는 의무는 우리의 마음에서 그 일에 대한 지식을 받아들일 때까지는 전혀 도덕적인 의무가 되지 못한다. 그러나 만약 그에 관한 지식을 얻을 만한 수단이 있는데도 깨닫지 못한 무지로 발생하는 태만만큼 우리의 죄도 매우 커진다.

어떤 사람들은 여기에 반대할 수도 있다. 구약의 율법시대 아래서 하나님은 무지의 죄를 알고 계시면서도, 실제로 하나님의 백성들이 저지른 죄보다 훨씬 더 적은 벌을 내리셨다. 이에 대한 나의 대답은 이것이다. 사실상 그것은 맞는 말이긴 하지만 그 이유는 너무나 명백하다. 그 당시의 사람들은 정보습득에 있어서 매우 제한적인 수단을 갖고 있었다. 율법을 그대로 옮겨놓은 복사본도 매우 드물었으며 그것에 접근조차 불가능했다. 그러므로 자기 할 일에 대한 지식을 습득하기 위하여 온갖 방법을 동원했는지, 그리고 부지런히 그 지식을 찾아다녔는지에 대한 책임을 그 사람들에게 묻기는 하셨지만 오늘날을 사는 우리에게 책임을 물으신 것보다 훨씬 낮은 차원에서 책임을 물으셨다는 사실은 분명하다. 결국 이방인들의 책임은 유대인들의 책임보다 훨씬 가벼웠으며 유대인들의 책임은 그리스도인들의 책임보다 훨씬 가벼웠다. 성경이 완성되어 다양한 복사본이 만들어지기 전인 초대교회 시절에 살던 그리스도인들의 책임은 오늘날을 사는 우리 그리스도인들의 책임보다 훨씬 더 가볍다.

전심으로 다른 영혼들에게
관심을 두는 것

온전한 성화란 온갖 형태의 이기심을 완전히 없앤다는 의미보다는 우리 이웃의 권리와 관심을 실제로 온 마음을 다해 인식한다는 의미이다. 여기서 하나님의 법이 금지하는 것과 이러한 상세한 조항에서 요구하는 것 가운데 몇 가지 구체적인 내용을 살펴보자.

첫째, 하나님의 법은 모든 최고의 자기 사랑이나 이기심을 금지한다. "네 이웃을 네 몸같이 사랑하라"는 명령은 이기적인 사람이 자신을 사랑하듯 우리가 이웃을 최고로 사랑해야 한다는 뜻이 아니다. 오히려 오직 우리 존재의 상대적인 가치에 따라서 우리는 가장 먼저 자신을 사랑하면서 우리의 행복을 추구해야 한다는 뜻이다. 여기서 이것을 장황하게 설명할 필요는 없을 것 같다. 왜냐하면 이 명령 자체가 최고의 자기 사랑을 금지한다는 사실이 자명하기 때문이다.

둘째, 하나님의 법은 과도한 자기 사랑을 금지한다. 다시 말해 자신의 행복이라는 상대적인 가치와 어울리지 않는 모든 수준의 사랑을 금지한다.

셋째, 하나님의 법은 단지 그것이 우리의 관심사이기 때문에 어떤 관심사에 대해 너무 지나치게 강조하는 것을 금지한다. 물론 하나님의 법은 필연적으로 이기심과 연결될 수밖에 없는 온갖 수준의 악한 의도, 그리고 그런 모든 감정을 금지한다.

넷째, 하나님의 법은 다른 사람들의 안녕과 관련하여 냉담과 무관심을 금지한다. 그러면서 모든 사람이 형제이자 자매라는 사실에 대해 실제로 인식하도록 요구한다. 또한 하나님이 온 우주의 위대한 아버지시며, 곳곳에 자리 잡은 모든 도덕적인 행위자는 그분의 자녀들이며, 하나님은 그 상대적인 중요성에 따라 모든 개인의 행복에 관심을 나타내신다는 사실에 대해서도 실제적인 인식을 요구한다. 하나님은 사람을 차별하지 않으신다. 하나님은 선을 받아들이고 실행하는 각자의 역량에 비례하여 모든 도덕적인 존재를 사랑하신다. 하나님의 법은 명백히 이 모든 것을 당연하게 여기는 까닭에 하나님은 인류의 모든 족속을 한 혈통으로 만드셔서 온 땅 위에 살게 하셨으며 그들이 살 시기와 거주할 지역의 경계를 정해 놓으셨다(행 17:26 참조).

다섯째, 하나님의 법은 우리가 모든 존재와 관심사를 그 상대적인 가치에 따라 평가하고 취급하도록 요구한다. 다시 말해 우리는 하나님과 온 우주의 관계를 인식해야 하며, 서로에 대한 우리의 관계도 인식하면서 모든 사람을 우리의 형제자매로 취급해야 한다는 것이다. 모든 사람은 같은 천국의 시민으로서, 하나님의 거대한 가족 구성원으로서 우리의 선의를 누릴 만한 권리를 가지고 있다. 즉 하나님이 허락하신 권리 말이다.

여섯째, 하나님의 법은 우리 이웃의 평판, 관심사, 그리고 안녕에 대해 모든 측면에서 자신과 같이 친절한 존경심을 발휘하도록 요구한다. 우리는 마치 자신의 허물을 이야기하는 것과 마찬가지로 다른 사람들의 잘못을 언급하는 것을 달가워하지 않아야 한다. 마치 자신이 모욕을 당하는 것처럼 다른 사람이 모욕을 당하는 것을 당연하게 여겨서는 안 된다. 다시 말해 우리는 다른 사람을 자신의 형제요 자매처럼 존중해야 한다.

일곱째, 하나님의 법은 공평한 사랑이라는 훌륭한 원리를 조금이라도 어기는 것을 온 우주에 대한 반역이라고 합당하게 정죄한다. 그것은 하나님의 권위를 거부하는 것이기에 하나님에 대한 반역이다. 이기심은 어떤 형태로든 하나님의 우주에 관한 관심과는 상반되게 자신의 관심을 주장하는 것이다.

그렇기에 온전한 성화란 하나님의 영광을 위하여, 필요하다면 사람을 선대 하기 위하여, 심지어 죽기까지 자신을 부인하는 기꺼운 마음이다. 이에 관하여 사도 바울은 "그가 우리를 위하여 목숨을 버리셨으니 우리가 이로써 사랑을 알고 우리도 형제들을 위하여 목숨을 버리는 것이 마땅하니라"(요일 3:16)고 우리에게 가르쳐준다.

이제 우리는 온전한 성화라는 주제에 관해 논의를 진행하는 과정에서 굉장히 중요한 시점에 도달했다. 지금까지 우리는 다음과 같은 주제를 다루었다.

첫째, 성화라고 말할 때 그 용어에는 어떤 의미가 담겨 있는가?

둘째, 그리스도인에게 성화란 무엇인가?

셋째, 온전한 성화와 영속적인 성화 사이의 차이점은?

넷째, 온전한 성화가 의미하지 않는 것은 무엇인가?

다섯째, 온전한 성화가 의미하는 것은 무엇인가?

앞으로 나는 다음 장에서 우리가 이생에서 온전하고 영속적인 성
화에 도달할 수 있다는 사실을 증명하기 위하여 논리를 펼칠 것이다.

온전한 성화란 하나님의 임재가 머물러 있다는 사실을
의식하고 있다는 의미이다. 이 말뜻은 이미 내가 앞서 얘기한
것처럼 하나님이 항상 우리의 생각, 관심, 그리고 애정의
직접적인 대상이 되어야 한다는 의미는 아니다. 그런데도
언제나 하나님의 임재에 대한 강한 의식이 우리 안에 자리 잡고
있어서, 이것이 우리의 모든 삶에서 가장 중요하고
효과적인 영향력을 미쳐야 한다.

"이스라엘아 네 하나님 여호와께서 네게 요구하시는 것이 무엇이냐.
곧 네 하나님 여호와를 경외하여 그의 모든 도를 행하고 그를 사랑하며
마음을 다하고 뜻을 다하여 네 하나님 여호와를 섬기고 내가 오늘 네 행복을 위하여
네게 명하는 여호와의 명령과 규례를 지킬 것이 아니냐"(신 10:12-13).

:
:

현실에서
온전한 성화에
이르는 방법

이번 장을 비롯하여 이어지는 세 장에서는 현실에서 온전하고 영속적인 성화에 이를 수 있는 여러 가지 다양한 방법과 성화에 이른 사람을 이야기하려 한다. 하나님의 법에 대한 순종은 자연스러운 능력의 토대 위에서도 얼마든지 가능하다. 이것은 자명한 사실이다. 이것을 부인하는 것은 인간에게 그런 능력이 있을 뿐만 아니라 그 능력을 실제로 발휘할 수 있다는 사실을 부인하는 것이다. 다음과 같은 하나님의 법에서 사용하는 표현은 그 역량이 아무리 크든 작든 간에 해당 주체의 역량에 대한 요구를 매우 솔직하게 드러낸다. "네 마음을 다하며 목숨을 다하며 힘을 다하며 뜻을 다하여 주 너의 하나님을 사랑하라"(눅 10:27).

이 말씀에서 요구하는 전부는 우리가 어떤 능력을 소유하고 있든지 하나님을 섬기는 일에 그것을 충분히 발휘해야 한다는 것이다. 온전한 성화는 하나님의 법에 대한 완전한 순종으로 이루어진다. 그 법은 우리에게 어떤 능력이 있든지 단지 그것을 올바로 사용하도록 요구한다. 그러므로 우리에게 주어진 자연스러운 능력을 기초로 이 생에서도 얼마든지 온전하고 영속적인 성화의 상태에 이를 수 있다는 것은 명백한 진리이다.

성경은 분명히 선포하고 있다. "네 마음을 다하며 목숨을 다하며 힘을 다하며 뜻을 다하여 주 너의 하나님을 사랑하라"(눅 10:27). 천사에게 선포하든, 어른에게 선포하든, 어린아이에게 선포하든지 이것이 바로 그 법의 엄숙한 명령이다. 천사는 천사의 능력을 발휘해야 하며, 인간은 인간의 역량을 발휘해야 하며, 어린아이는 어린아이의 재능을 발휘해야 한다. 이 말씀은 현재 있는 모습 그대로, 지금 서 있는 그곳의 모든 도덕적인 존재를 향한 법이다. 이 법은 현재 있는 능력을 넘어서는 새로운 능력을 만들어내거나 다른 능력을 소유해야 한다고 요구하지 않는다. 단지 하나님의 영광을 위하여 각 사람에게 주어진 능력을 최대한 완벽하게 사용하라고 요구할 뿐이다.

어떤 사람이 실수로 자기 손이나 발 가운데 하나를, 또는 몸이나 머리의 어떤 능력 가운데 하나를 사용할 수 없게 되었다면 이 법은 이전에 그 사람이 건강할 때 가졌을 만한 능력과 장점까지 다 동원하라고 요구하지 않는다. 단지 현재 있는 모습 그대로, 여전히 자신에게 남아 있는 능력과 장점만을 적절히 사용하라고 요구할 뿐이다.

이때 하나님이 우리에게 공급해주시는 은혜는 우리가 이생에서 온전한 성화에 이르기 위하여 스스로 발휘하는 능력보다 훨씬 더 크고 충분하다. 그렇기에 우리는 온전한 성화의 과정에서 오직 하나님의 은혜를 구해야 한다. 성도의 온전하고 영속적인 성화는 기필코 성취되어야 한다. 이 과업은 성령의 성화하시는 역사와 진리에 대한 믿음을 통하여 얼마든지 성취될 수 있다. 또한 이 과업은 여기 이 땅에서 시작되어야 하며, 우리의 영혼이 하늘나라에 들어가기 전에 완성되어야 한다.

그런데 이 시점에서 우리가 분명히 확신해야 할 질문이 있다. "우리가 죽기 전에 사실상 이와 같은 상태에 도달할 수 있는가? 만약 그렇다면 우리가 언제 이생에서 거기에 도달하리라 예측할 수 있는가?" 이 질문은 오직 하나님의 말씀을 살펴봄으로써 해결될 수 있다. 그렇기에 우리는 성경에서 하나님이 선포하신 각종 약속을 해석하는 원리를 올바로 이해하고 적용해야 한다. 이것은 성화의 과정에서 꼭 필요하며 매우 중요한 덕목이다.

우리는 이미 1장에서 하나님의 법에 담긴 의미를 해석하면서 적용하려고 했던 여러 가지 규칙을 배웠다. 이제 우리는 여기서 하나님의 약속을 해석하기 위한 명백하고 상식적인 원리를 자세히 살펴볼 것이다. 왜냐하면 성경 해석의 원리에 관한 질문은 모든 신앙 탐구에 있어서 가장 기본적인 부분이기 때문이다. 그리고 모든 교회가 어떤 부인할 수 없는 확립된 원리에 따라서 성경을 해석하는 데 동의하기까지 각 성도는 성경에서 가르치는 것에 관하여 어떤 동의에 도 이를 수 없기 때문이다.

이제 하나님의 약속을 해석하기 위한 몇 가지 명백하고 상식적 인, 그리고 자명한 원리를 자세히 살펴보자. 이러한 원리는 우리가 앞에서 던진 질문, 즉 "우리가 죽기 전에 사실상 이와 같은 상태에 도달할 수 있는가? 만약 그렇다면 우리가 언제 이생에서 거기에 도 달하리라 예측할 수 있는가?"를 해결하는 데 빛이 되어 줄 것이다.

▶ 원리 1. 약속한 주체의 성품과 기질을 알아야 한다.

어떤 약속에 담긴 표현은 그것을 약속한 주체에 대해 다른 약속 에서 알려진 성품을 참고해서 해석해야 한다. 그런데 거기서는 그 주체의 성품이 이 약속 자체에서 보여주는 성품과는 매우 다른 방식 으로 계시되고 알려질 수도 있다. 만약 이 약속의 주체가 매우 기꺼 운 성향을 지닌 것으로 알려져 있다거나 이와는 반대로 알려져 있다 면 그 주체의 현재 약속에 담긴 표현을 해석하려고 할 때 이러한 기 질을 반드시 고려해야 한다.

만약 그 주체가 굉장히 관대한 성향의 소유자라면 그 주체의 약 속에 담긴 표현에서 의미하는 것처럼 보이는 모든 것을 충분히 기대 할 수 있을 것이며 상당히 자유로운 구조가 그 표현에 녹아들어 있 을 것이다. 반면 그 주체의 성품이 관대하지 않은 것으로 알려져 있 다면, 또한 그 주체가 무엇을 약속하든지 간에 굉장히 꺼리는 마음으로 나눠줄 것이라고 알려져 있다면 그 주체에 대한 표현이 상당히 엄격하게 구성되어 있을 것이다.

또한 그 주체의 약속을 해석하려고 할 때 그 주체가 과장법과 과도한 언행을 사용하는 경향이 있다면 반드시 고려해야 한다. 만약 그 약속의 주체가 과장된 표현을 사용하는 습관이 있다면, 만약 그 주체가 원래 의도보다 훨씬 더 과도한 언행을 사용한다면 그 주체의 약속을 해석하려고 할 때 이것을 반드시 고려해야 한다.

그러나 다른 한편으로 만약 그 주체가 굉장히 조심스럽고도 적절한 표현을 사용하는 매우 진솔한 주체로 알려져 있다면 우리는 그 주체의 진심을 편안하게 받아들이고 이해할 수 있을 것이다. 그 주체의 약속이 비유적인 표현이라서 문자 그대로 이해할 수 없을지는 모르지만, 심지어 그런 경우라고 하더라도 우리는 그 비유가 자연스럽고 충분한 의미를 담고 있는 것으로 그 주체에 대하여 이해해야 한다.

그리고 그 약속이 신중하게 이루어진 것인지, 또는 일시적으로 크게 흥분한 환경에서 이루어진 것인지에 관한 사실을 충분히 고려해야 한다. 만약 그 약속이 매우 신중하게 이루어진 것이라면 그 말을 있는 그대로 받아들여 해석해야 한다. 그러나 일시적으로 크게 동요하는 환경에서 이루어진 약속이라면 그와 같은 강력한 표현을 사용하도록 이끈 마음 상태를 충분히 고려해야 한다.

▶ 원리 2. 약속한 당사자들 간의 관계를 알아야 한다.

어떤 약속에 담긴 표현을 해석하면서 각 당사자의 서로에 대한 관계를 적절히 고려해야 한다. 예를 들어 아들에 대한 아버지의 약속은 낯선 사람에 대해 이루어지는 것보다 훨씬 더 자유롭고 풍성하며 관대한 구조를 보여준다. 그 아버지는 어떤 특별한 관심도 없는 사람보다 자기 아들에 대해서 훨씬 더 자유롭고 관대한 성향을 품고 있을 수밖에 없다.

▶ 원리 3. 약속한 주체의 의도와 관심사를 깨달아야 한다.

그 약속을 받는 대상과 그 사람의 필요와 관련하여 그 약속을 내놓은 주체의 의도를 충분히 고려해야 한다. 만약 그 약속을 내놓은 주체의 의도가 그 약속을 받는 사람의 필요를 채워주려는 것이 분명하다면 그 약속은 어떻게든 이러한 필요를 채우기 위한 것으로 이해해야 한다. 또한 그 약속을 받는 사람의 필요 정도를 그 약속을 해석하는 데 있어서 충분히 고려해야 한다.

또한 자기 의도를 성취하거나 그 약속을 받는 사람의 필요를 충분히 채워주기 위한 것이라면, 약속을 내놓은 주체의 관심사는 반드시 고려되어야 한다. 그 약속 자체와는 별개로 약속을 내놓은 주체가 약속을 받는 사람과 더불어 그 사람의 필요를 채워주면서 부담을 덜어주기 위한 일에 최고의 관심을 보인다는 사실이 온전히 증명된다면, 그 주체의 약속은 이에 따라 해석해야 한다.

▶ 원리 4. 약속으로 나타나는 효과를 알아야 한다.

약속을 내놓은 주체의 관심사에 대하여 그 약속으로 나타나는 효과도 반드시 고려해야 한다. 해석의 일반적이고 올바른 규칙에 따르면 약속으로 제시된 어떤 것이 그 약속을 내놓은 주체의 관심사에 해로운 영향을 미쳐서, 결과적으로 별로 달갑지 않은 마음으로 약속할 수밖에 없었다면 그럴 때 사용된 표현은 매우 엄격하게 해석해야 한다. 그 약속을 제대로 이해하지 못하는 것은 가장 엄격한 해석을 요구하지 않았기 때문이다. 그러나 주체가 약속한 것이 직간접적으로 다른 많은 사람에게 선포되고 그 사람들에게 약속을 실행하는 과정에서 주체가 한없는 기쁨과 행복을 느낀다면, 분명히 그 약속은 문자 그대로 해석해야 한다.

▶ 원리 5. 약속한 주체의 능력과 자원을 고려해야 한다.

자신에게 아무런 손해를 끼치지 않으면서도 그 약속을 받는 사람의 필요를 채우려는 약속에 대해서는 그 약속을 내놓은 주체의 자원과 능력을 충분히 고려해야 한다. 만일 어떤 의사가 환자에게 건강을 완전히 회복시켜주겠다고 약속한다면 그 말을 액면 그대로 다 받아들이는 것은 옳지 않을 수도 있다. 만일 그 의사가 환자를 치료하여 질병에서 거의 다 회복되었다면 이것이 바로 그 의사가 의도한 전부라고 생각하는 게 타당할 것이다. 어떤 의사도 환자의 건강을 완벽하게 회복시킬 만한 능력이 없다.

그러므로 그와 같은 약속에 담긴 표현을 우리는 합리적으로 수정해서 이해해야 한다. 그러나 환자의 건강을 완벽하게 회복시킬 수 있는 의사의 능력, 자원, 기꺼운 마음에 대해 조금도 의심하지 않는다면 우리는 곧바로 그 의사가 한 말이 전부 진심이라고 믿을 것이다. 만일 하나님이 아픈 사람의 건강을 완벽하게 회복시켜주겠다고 약속하신다면 하나님의 약속은 그 표현에서 전달하는 의미 그대로 이해해야 한다는 사실에는 조금도 의심할 것이 없다.

▶ 원리 6. 약속한 주체의 자연스러운 정의를 고려해야 한다.

앞서 언급한 대로 우리는 자연스러운 정의에 맞도록 하나님의 법에 담긴 표현을 해석해야 한다. 지금 내가 말하는 것은 우리가 그 약속을 내놓은 주체에 대해 알려진 훌륭함, 자원, 선함, 관대함, 관계, 계획, 행복, 영광에 맞도록 그 약속에 담긴 표현을 해석해야 한다는 것이다.

그렇기에 어떤 명령과 약속이 한 사람을 통하여 다른 사람에게 같은 표현으로 제시되었다면 우리는 두 경우 모두 같이 이해해야 한다. 그에 반하는 어떤 명백한 이유를 발견하지 못한다면 말이다. 그리고 표현이나 맥락뿐만 아니라 여러 환경 역시 다른 해석을 요구하지 않는다면 우리는 두 경우 모두 같은 표현으로 이해해야 한다.

만약 그 주체의 관대함이 그 주체의 정의와 일치한다면 은혜에 대한 그 주체의 약속은 그 주체의 정의에 대한 요구조건만큼이나 많은 것을 의미한다고 이해해야 한다. 그리고 만약 그 주체가 받는 것만큼이나 주는 데서 많은 기쁨을 누린다면 그 주체의 약속은 요구조건에 대한 표현만큼이나 많은 것을 의미한다고 이해해야 한다.

또한 그 주체가 정의로운 만큼 긍휼하다면 긍휼함에 대한 그 주체의 약속은 정의에 대한 요구조건만큼이나 자유롭게 해석해야 한다. 그리고 그 주체가 긍휼을 베풀면서 기뻐한다면 "심판은 자신에게 어울리지 않는 이상한 일"이라고 말한다면, 그리고 긍휼을 베풀면서 특별한 만족을 누린다면 은혜와 긍휼을 베풀겠다는 그 주체의 약속은 정의를 구현하겠다는 그 주체의 명령과 경고보다 훨씬 더 자유롭게 이해되어야 한다. 이 같은 경우에 사용되는 표현은 어떤 있을 만한 환경에서 사용되는 그와 같은 표현과 아주 흡사한 의미로 해석되어야 한다.

▶ 원리 7. 모든 약속은 모든 사람에게 공평하게 적용된다.

약속을 해석하고 적용하는 또 다른 규칙은, 지금까지 광범위하게 간과되어 오기는 했지만 바로 이것이다. 곧 그와 같은 약속은 모두 "예수 그리스도 안에서 예와 아멘"이다. 그 약속은 모두 하나님의 통치라는 절대불변의 위대한 원리 위에 세워지고 표현된다. 하나님은 사람을 전혀 차별하지 않으신다. 하나님은 전혀 편애를 모르신다. 하나님은 어떤 약속을 내놓으실 때 서로 유사한 환경에서 모든 사람에게 보편적으로 적용되는 원리를 계시하신다.

그러므로 이러한 약속은 그것을 최초로 받은 개인이나 사람들에게만 적용되는 것으로 제한해서는 안 된다. 오히려 서로 비슷한 환경에 놓인 사람이라면 누구에게나 이루어지는 약속으로 이해되어야 한다. 하나님이 보여주신 모습은 언제나 한결같다. 하나님이 어떤 시기나 어떤 사람에게 약속하신 것은 그와 유사한 상황에 있는 사람이라면 때와 장소에 상관없이 약속하신 것이나 마찬가지다. 이것은 신약성경의 기자들이 구약성경의 약속을 이해하고 적용하는 방식으로 그 주체를 바라보는 관점이었다.

어떤 사람에게 구약의 하나님 약속을 신약의 기자들이 어떻게 적용하였는지 신약성경을 읽혀보아라. 그러면 그 사람은 곳곳에서 이와 같은 원리가 충분하게 드러나 있다는 사실에 놀랄 것이다. 아담, 노아, 아브라함, 족장들, 그리고 모든 시대의 영감받은 사람들에 대한 모든 약속, 교회를 향한 각종 약속, 그리고 영적인 축복에 관하여 하나님이 한번 말씀하고 약속하신 것들에 대해서, 그러면 하나님은 비슷한 상황에 있는 모든 사람에게 언제나 같게 약속을 적용하신다는 사실을 발견하게 될 것이다.

우리가 하나님의 약속에 사용된 표현을 해석하는 데 필요한 규칙을 논의하는 과정에서 어떤 약속의 성취를 위해 필요한 조건을 한번 적용해보자. 성경에 등장하는 성화에 관한 모든 약속은 그 성격상 약속된 것을 받아들이는 과정에서 우리의 적극적인 동참이 필요하다. 성화란 우리의 행위를 올바로 하거나 하나님의 법에 대한 순종으로 이루어지기 때문에, 성화에 대한 약속은 반드시 그 약속을 믿는 믿음을 발휘해야 한다는 조건이 있을 수밖에 없다. 그리고 어떤 약속을 성취한다는 것은 그 약속을 받아들이는 과정에서 자신의 능력을 발휘한다는 의미이다.

결과적으로 성화에 대한 어떤 약속이 우리에게 나름 유익을 주기 위해서는 그 약속에 특정한 시간이 표현되거나 내포되어 있어야 한다. 다시 말해 그 시간이 명시적으로든 암시적으로든 간에 확실히 정해져 있어서 날마다 시간마다 그 축복을 받을 수 있다는 기대감과 더불어 그 성취를 기다리는 태도 가운데로 나아가게 해야 한다. 하지만 우리가 언제 그 약속이 성취될 수 있는지 이해하며 기대하고 요청할 수 없다면 우리에게 그 약속은 아무런 의미도 없을 것이다.

오순절에 성령을 부어주시는 것과 관련하여 사도들에게 하신 그리스도의 약속은 이를 구체적으로 잘 설명해준다. 그리스도는 하늘로 올라가신 때로부터 여러 날이 지나지 않아 사도들이 성령의 세례를 받을 것이라고 약속해주셨다. 이처럼 시간을 분명히 지정해주신 것은 사도들이 그리스도의 약속을 받는다는 한결같은 기대감으로 주님을 계속해서 기다리는 태도로 나가도록 하기에 아주 명확했다.

성령의 세례는 사도들의 행위를 동원하는 것을 포함하고 있었으므로, 이와 같은 기대감은 그러한 축복을 받기 위해서는 꼭 있어야 할 중요한 부분이었다. 그러나 사도들이 그리스도께서 막연히 장래의 어떤 시간에 이 축복을 약속하신다고 이해했다면, 그 축복을 받을 수 있다는 기대감을 날마다 느끼지 못했을 것이고 사도들은 각자 자기 할 일을 하러 가버렸을 수도 있었다. 아마도 틀림없이 그렇게 했을 것이다. 그리스도께서 다시금 그와 같은 축복을 베푸시겠다고 더욱 커다란 신호를 보내실 때까지 말이다.

현재시제로 된 어떤 약속은 즉각적인 요청이다. 그러니까 다시 말해 그 약속은 언제나 마땅히 이루어지는 것이며 그 약속을 받는 사람이 언제든지 그 약속의 성취를 요구하고 주장할 수 있다. 그러나 장래의 특정한 시간까지 마땅히 이루어져야 하는 어떤 약속은 그 시간 이후로 곧바로 요청할 수 있으며 그 약속을 받은 사람은 그때 이후로 언제든지 현재시제로 된 약속으로 탄원할 수 있다.

구약성경의 엄청나게 많은 약속은 그리스도의 오심으로 그때가 차게 되었다. 그때 이후로 이러한 약속은 현재시제로 된 약속으로 활용되어야 한다. 구약시대의 성도들은 그 약속의 성취를 요구할 수 없었다. 왜냐하면 그리스도께서 오실 때까지 그러한 약속들이 성취되지 않을 것이라고 하나님이 말씀하셨기 때문이다. 그러므로 "마지막 날에" "이 세상의 마지막 때에", 다시 말해 유대 율법시대에 때가 차야 성취되는 그러한 모든 약속은 이제 기한이 찼거나 현재시제로 된 약속이라고 간주해야 한다. 비록 이제 이러한 약속의 기한이 찼다고 할지라도 그 약속의 성취를 이루기 위해서는 우리의 믿음을 발휘해야 하며 적절한 수단을 올바로 써야 하는 조건이 충족되어야 한다.

어떤 약속의 기한이 찰 때 우리는 그 축복의 성격에 따라 곧장 그 약속의 성취를 기대하거나 점차 성취를 기대할 수 있다. 온 세상이 마지막 날에 완전히 뒤바뀔 것이라는 약속은 우리가 단 한순간에 온 세상이 완전히 뒤바뀔 것이라고 기대해야 한다는 의미는 아니다. 그러나 주님은 즉시 그 일을 시작하실 것이며 그분의 때에 따라 서둘러 그 일을 이루실 것이다. 또한 그것은 교회의 믿음과 노력에 따라 많이 달라질 것이다.

다른 한편으로 약속된 일이 그 성격상 곧바로 성취될 수 있을 때, 그리고 그러한 경우의 성격상 반드시 그렇게 되어야 할 필요가 있을 때 우리가 믿음을 발휘하기만 한다면 언제든지 그 약속은 성취될 것이다. 물론 은혜에 대한 약속과 영광에 대한 약속 사이에는 분명한 차이가 있기는 하지만 말이다. 영광에 대한 약속은 우리가 하늘에 올라갈 때까지 성취되지 않을 것이다. 그와는 반대로 어떤 명시적인 이유가 제시되지 않는다면 은혜에 대한 약속은 이생에서 곧바로 이뤄질 것이다.

어떤 약속은 어떤 의미에서 조건적일 수도 있지만 다른 의미에서 무조건적일 수도 있다. 예를 들어 그리스도의 몸인 모든 교회에 제시된 약속은 절대적일 것이며 그 성취가 조만간 확실해지고 분명해질 것이다. 그러나 교회의 어느 특정한 세대, 또는 교회의 어느 특정한 개인에게 그러한 약속이 성취되는 것은 각자의 믿음과 적절한 수단을 어떻게 활용하느냐에 따라 조건적일 수밖에 없다.

그러니까 이스라엘 백성들이 가나안 땅을 소유할 거라는 하나님의 약속은 어느 시기에 이스라엘이 그 땅을 소유할 것이며 확실히 소유해야 한다는 의미에서 절대적이고 무조건적이었다. 그러나 어떤 세대가 그 땅에 들어갈 것인가는 그 세대의 믿음과 적절한 수단을 어떻게 활용하느냐에 달려 있다는 의미에서 조건적이었다.

그러므로 온 세상의 변화에 대한 약속과 그리스도의 통치 아래 교회의 성화는 그러한 일이 언젠가 확실히 일어날 것이라는 의미에서 무조건적이다. 그러나 언제 이러한 일들이 일어날 것인지, 그리고 어떤 세대의 사람들이 이와 같은 축복을 받을 것인지는 필연적으로 각 개인의 믿음에 따라 달라지기에 조건적이다.

히브리서 기자는 이와 같은 원리를 분명히 인식했다. 그렇기에 우리에게 다음과 같은 강력한 믿음의 권고를 할 수 있었다. "그러면 거기에 들어갈 자들이 남아 있거니와 복음 전함을 먼저 받은 자들은 순종하지 아니함으로 말미암아 들어가지 못하였으므로…. 그런즉 안식할 때가 하나님의 백성에게 남아 있도다. 이미 그의 안식에 들어간 자는 하나님이 자기의 일을 쉬심과 같이 그도 자기의 일을 쉬느니라. 그러므로 우리가 저 안식에 들어가기를 힘쓸지니 이는 누구든지 저 순종하지 아니하는 본에 빠지지 않게 하려 함이라"(히 4:6,9-11).

이전 장에서 제시한 성경 해석에 관한 규칙을 활용하여, 이제 나는 우리가 온전한 성화를 이루는 데 꼭 필요한 하나님의 약속을 살펴보려고 한다. 곧 우리가 이성적으로 추구하는 목적에 어찌하든 도달해야 한다는 의미에서 온전하고 영속적인 성화가 이생에서 이룰 수 있는 것인지에 관한 하나님의 약속 말이다.

그러나 먼저 도대체 이 축복이 무엇인지에 관하여 당신에게 다시 한번 상기시킬 필요가 있는 것 같다. 내가 이해하는 바에 따르면 하나님의 법에 대한 단순한 순종이 바로 지금의 성화이며 이를 지속하는 것이야말로 영속적인 성화이다. 그러니까 하나님의 법이 유일한 기준이며 영원한 기준이다. 이 법에서 벗어난 그 무엇도 하나님께 합당할 수 없으며 우리를 온전한 성화로 이끌 수 없다.

그러므로 우리는 성경에 약속된 하나님의 말씀을, 하나님의 법을 온전히 깨달아야 하고 고찰할 필요가 있다. 물론 여기서 엄청나게 많은 성경의 약속을 일일이 다 살펴볼 수는 없다. 다만 앞으로 살펴볼 하나님의 약속을 통하여 지금까지 우리가 논의한 온전한 성화에 관한 하나님의 약속을 해석하는 원리를 적용해보려는 것이다. 만약 이 약속이 진실인 동시에 그 적용이 정당하다면 단 하나의 약속만을 살펴보더라도 온전한 성화와 관련된 문제를 해결하기에 충분할 것이다. 이것은 당신이 하나님의 다른 약속을 개괄적으로 살펴보는 데서도 같은 원리를 적용할 수 있도록 도와줄 것이다.

▶ 약속 1. 하나님의 명령과 규례를 순종하여 지킬 것이다.

"이스라엘아 네 하나님 여호와께서 네게 요구하시는 것이 무엇이냐. 곧 네 하나님 여호와를 경외하여 그의 모든 도를 행하고 그를 사랑하며 마음을 다하고 뜻을 다하여 네 하나님 여호와를 섬기고 내가 오늘 네 행복을 위하여 네게 명하는 여호와의 명령과 규례를 지킬 것이 아니냐"(신 10:12-13). 이 말씀을 나는 이렇게 적용하였다.

첫째, 이 말씀은 하나님에 대한 인간의 전체적인 의무를 명확하게 요약하고 있다. 곧 온 마음과 뜻을 다하여 하나님을 경외하고 사랑하고 섬기는 것이다.

둘째, 비록 이 말씀은 이스라엘에게 내린 명령이지만 그것은 모든 사람에게 역시 진리이다. 그것은 모든 사람을 같이 묶어주고 있으며 하나님이 자신과 관련하여 어떤 사람에게든지 요구하시는 전부이다.

셋째, 이와 같은 하나님의 요구에 순종하는 것이 바로 온전한 성화이다.

▶ 약속 2. 온 마음을 다하여 하나님을 사랑하게 할 것이다.

"네 하나님 여호와께서 네 마음과 네 자손의 마음에 할례를 베푸사 너로 마음을 다하며 뜻을 다하여 네 하나님 여호와를 사랑하게 하사 너로 생명을 얻게 하실 것이며… 너는 돌아와 다시 여호와의 말씀을 청종하고 내가 오늘 네게 명령하는 그 모든 명령을 행할 것이라"(신 30:6,8). 바로 앞서 인용한 명령과 같은 표현을 사용한 약속이 여기에 또 있다. 이 말씀을 나는 이렇게 적용하였다.

첫째, 이 말씀은 단지 하나님의 법에서 요구하는 것만을 약속한다. 이 말씀은 첫째요, 가장 커다란 계명(마 22:37)에서 어떤 식으로든 요구하는 전부를 약속한다.

둘째, 첫째 계명에 대한 순종은 항상 둘째 계명(마 22:39)에 대한 순종을 의미한다. 우리가 "눈에 보이는 이웃을 사랑하지 않으면서 눈에 보이지 않는 하나님을 사랑하는 것"은 분명히 불가능하다.

셋째, 이 약속은 표현된 그대로 단지 하나님의 법에서 의미하는 것만을 의미하며, 단지 하나님의 법에서 요구하는 것만을 약속하는 것처럼 보인다.

넷째, 만약 이 법이 온전한 성화의 상태를 요구한다면 이것은 온전한 성화에 대한 약속이다.

다섯째, 이 명령은 모든 사람을 보편적으로 묶어주고 있으며 모든 사람에게 보편적으로 적용 가능하므로, 그와 마찬가지로 이 약속 역시 그것을 붙잡는 모든 사람에게 보편적으로 적용될 수 있다.

여섯째, 믿음은 성화에 대한 이와 같은 약속의 성취를 위하여 없어서는 안 되는 필수 조건이다. 하나님에 대한 확신 없이 우리가 온 마음을 다하여 하나님을 사랑하는 것은 전적으로 불가능하다. 하나님은 사랑으로 역사하는 그와 같은 확신을 불어넣기 위하여 그와 같은 방식으로 자신을 계시하는 것 말고는 다른 어떤 방법으로도 인간에게 사랑을 불어넣지 않으신다. 나는 앞장의 약속에 대한 해석을 위한 원리에서 "어떤 명령과 약속이 같은 표현으로 제시된 곳에서 우리는 두 경우를 모두 같이 해석해야 한다. 다른 해석을 할 수밖에 없는 명백한 이유를 발견하지 못한다면 말이다"라고 설명하였다. 그렇기에 우리는 이 약속에 사용된 표현이 그 명령에 사용된 표현과 상당히 흡사한 의미라고 이해해야 한다. 이 약속은 그러한 요구조건의 전체적인 기초를 놓기 위하여 의도되었던 것으로 보인다.

일곱째, 이 약속에서 사용된 표현이 어떤 명령에서 사용되었다고 가정하거나 이 약속의 형식이 어떤 명령의 형식으로 바뀌었다고 한번 가정해보라. 여느 다른 곳에서나 마찬가지로 하나님이 "너는 온 마음을 다하고 뜻을 다하여 네 하나님 여호와를 사랑하라"고 말씀하신다고 가정해보라. 도대체 누가 이 말씀에 대해 하나님이 자신에게 온전한 성화나 성별을 요구하도록 의도하신 것을 조금이나마 의심할 수 있겠는가?

여덟째, 온전한 성화에 대한 이와 같은 약속은 이생에서 성취되도록 의도된 것이다. 그 표현과 맥락은 이와 같은 의미이다. "나는 네 마음에 할례를 베풀 것이다. 온 마음을 다하고 뜻을 다하여 네 하나님 여호와를 사랑하는 것, 그와 같은 마음의 씨앗을 뿌려줄 것이다."

아홉째, 교회와 관련하여 언젠가 이와 같은 약속은 절대적이고 확실해질 것이 분명하다. 어느 시기가 되면 하나님은 틀림없이 교회 안에 이와 같은 마음 상태를 허락하실 것이다. 그러나 어느 특정한 개인과 세대에게 이와 같은 약속이 성취될 것인지는 그 약속을 신뢰하는 각 사람의 믿음에 달려 있다.

▶ 약속 3. 하나님의 법을 네 마음속에 깊이 기록해두겠다.

"여호와의 말씀이니라. 보라. 날이 이르리니 내가 이스라엘 집과 유다 집에 새 언약을 맺으리라. 이 언약은 내가 그들의 조상들의 손을 잡고 애굽 땅에서 인도하여 내던 날에 맺은 것과 같지 아니할 것은 내가 그들의 남편이 되었어도 그들이 내 언약을 깨뜨렸음이라. 여호와의 말씀이니라. 그러나 그날 후에 내가 이스라엘 집과 맺을 언약은 이러하니 곧 내가 나의 법을 그들의 속에 두며 그들의 마음에 기록하여 나는 그들의 하나님이 되고 그들은 내 백성이 될 것이라. 여호와의 말씀이니라. 그들이 다시는 각기 이웃과 형제를 가리켜 이르기를 너는 여호와를 알라 하지 아니하리니 이는 작은 자로부터 큰 자까지 다 나를 알기 때문이라. 내가 그들의 악행을 사하고 다시는 그 죄를 기억하지 아니하리라. 여호와의 말씀이니라"(렘 31:31-34). 나는 이 말씀을 이생에서 온전한 성화에 이를 수 있다는 하나님의 약속으로 이렇게 적용하였다.

첫째, 이 약속은 그리스도께서 이 땅에 오심으로 기한이 다 찼거나, 성취의 때가 다다랐거나 기대할 수 있게 되었다. 이 말씀은 히브리서 8장 8~12절에도 제시되어 있는데, 여기서 이 말씀은 복음시대에도 적용될 수 있는 것으로 인용되어 있다. "그들의 잘못을 지적하여 말씀하시되 주께서 이르시되 볼지어다. 날이 이르리니 내가 이스라엘 집과 유다 집과 더불어 새 언약을 맺으리라. 또 주께서 이르시기를 이 언약은 내가 그들의 열조의 손을 잡고 애굽 땅에서 인도하여 내던 날에 그들과 맺은 언약과 같지 아니하도다. 그들은 내 언약 안에 머물러 있지 아니하므로 내가 그들을 돌보지 아니하였노라. 또 주께서 이르시되 그날 후에 내가 이스라엘 집과 맺을 언약은 이것이니 내 법을 그들의 생각에 두고 그들의 마음에 이것을 기록하리라. 나는 그들에게 하나님이 되고 그들은 내게 백성이 되리라. 또 각각 자기 나라 사람과 각각 자기 형제를 가르쳐 이르기를 주를 알라 하지 아니할 것은 그들이 작은 자로부터 큰 자까지 다 나를 앎이라.

내가 그들의 불의를 긍휼히 여기고 그들의 죄를 다시 기억하지 아니하리라 하셨느니라"(히 8:8-12).

둘째, 이 약속은 도저히 부인할 수 없을 정도로 온전한 성화에 주목한다. 그것은 "하나님의 법을 마음속에 기록해두겠다"라는 약속이다. 그것은 그 법에서 요구하는 바로 그 성정과 정신을 우리 영혼에 착실히 진척시키겠다는 뜻이다. 만약 그 법이 온전한 성화나 완벽한 거룩함을 요구한다면 이 말씀은 분명히 그에 대해 약속하는 것이다. 왜냐하면 이 말씀은 그 법에서 요구하는 모든 것을 약속하고 있기 때문이다. 이것을 온전한 성화에 대한 약속이 아니라고 말하는 것은 그 법에 대한 완전한 순종이 온전한 성화가 아니라고 말하는 것과 마찬가지로 어리석은 소리이다. 또한 그 법이 불완전하고 불공평하다고 말하는 것이나 마찬가지다.

셋째, 성화의 영속적인 상태는 이 약속에 분명하게 내포되어 있다. 첫 언약을 파기하신 이유는 그 언약이 깨어졌기 때문이다. "그 사람들이 내 언약을 깨어버렸다." 새 언약의 한 가지 커다란 목적은 그것이 깨어지지 않도록 하는 것이다. 그렇지 않으면 첫 언약보다 더 나을 게 없을 것이기 때문이다.

영속성이란 그것이 우리의 마음속에 새겨지는 것이라는 사실에 내포되어 있다. 영속성이란 하나님이 우리의 죄를 더는 기억하지 않을 것이라는 주장에도 명확하게 내포되어 있다. 본질에서 그와 같은 약속이 되풀이되고 있는 예레미야 32장 39~40절(내가 그들에게 한마음과 한 길을 주어 자기들과 자기 후손의 복을 위하여 항상 나를 경외하게 하고, 내가 그들에게 복을 주기 위하여 그들을 떠나지 아니하리라 하는 영원한 언약을 그들에게 세우고, 나를 경외함을 그들의 마음에 두어 나를 떠나지 않게 하고)에서, 그 언약은 "영원한" 것이라고 명확하게 선포하고 있다. 그래서 하나님은 "그들의 마음속에 나를 경외하는 마음을 넣어주어서 그들이 나에게서 떠나가지 않게 하겠다"라고 분명히 말씀하고 계신다. 여기서 영속성에 대한 약속이 명확하게 표현되어 있다.

이 약속에서 사용된 표현이 어떤 명령의 형태로 사용되었다고 가정해보라. 하나님이 이렇게 말씀하셨다고 가정해보라. "내 법이 네 마음속에 머물러 있도록 하라. 네 심령 깊숙한 곳에 머물러 있게 하라. 네 마음속에 나를 경외함이 머물러 있도록 하여 네가 나를 떠나지 않도록 하라. 나와 맺은 네 언약이 영원하도록 하라." 만약 이와 같은 표현이 어떤 명령 속에서 발견된다면 자기 나름대로 의식을 가진 사람이라면 그게 온전하고 영속적인 성화를 의미하는 게 아닐까 생각해보지 않겠는가? 그러한 표현이 어떤 약속 안에서 발견될 때 어떤 명령 속에서 발견되었을 때보다 훨씬 무의미한 표현으로 이해하는 것은 하나님의 말씀을 하찮게 취급하여 모독하는 것이나 마찬가지다.

넷째, 교회와 관련하여 역사적으로 어느 시기에든 이 약속은 조건이 없으며 그 성취는 확실하다. 그러나 교회의 어떤 특정한 개인이나 세대에 관하여 그 성취는 각 사람의 믿음에 따라 반드시 조건적일 수밖에 없다.

다섯째, 그리스도의 몸인 교회는 분명히 이와 같은 새 언약을 단 한 번도 제대로 받아본 적이 없었다. 그러나 기독교 시대의 모든 세대에 속한 수많은 사람은 분명히 지금까지 새 언약을 계속 받아왔다. 그리고 아무도 자기 형제자매에게 "가장 보잘것없는 자들에서부터 가장 위대한 자들에게 이르기까지 모든 사람이 그분을 알고 있을 것인데 너도 어서 주님을 알도록 해라"고 말할 필요가 없을 정도로 그 약속이 충분히 성취될 때를 하나님은 촉구하고 계신다.

여섯째, 이 약속은 옛 시대 아래 있던 모든 유대인이 아니라 현재를 살아가는 그리스도인들에게 제시된 것임을 조심스럽게 주목하라. 옛 시대 아래 있던 성도들은 이와 같은 약속이 자신에게 성취되리라고 기대할 만한 아무런 이유가 없었다. 왜냐하면 그런 약속의 성취는 기독교 시대가 개막될 때까지 명시적으로 미루어졌기 때문이다.

일곱째, 여기에서는 단지 중생이 약속되어 있을 뿐이라고 말해왔다. 그렇다면 구약시대의 성도들은 중생하지 않았단 말인가? 그러나 구약의 성도들은 그러한 약속을 받지 않았다고 명시적으로 언급되고 있다. 히브리서 11장 13절과 39~40절을 한 번 살펴보라. "이 사람들은 다 믿음을 따라 죽었으며 약속을 받지 못하였으되 그것들을 멀리서 보고 환영하며 또 땅에서는 외국인과 나그네임을 증언하였으니… 이 사람들은 다 믿음으로 말미암아 증거를 받았으나 약속된 것을 받지 못하였으니 이는 하나님이 우리를 위하여 더 좋은 것을 예비하셨은즉 우리가 아니면 그들로 온전함을 이루지 못하게 하려 하심이라." 여기서 우리는 구약시대의 성도들이 이러한 약속을 받지 못했다는 사실을 깨닫게 된다.

여덟째, 이 약속은 단지 성도들의 궁극적인 구원을 의미하는 것에 지나지 않는다고 말해왔다. 그러나 나는 이렇게 질문하고 싶다. 그렇다면 구약시대의 성도들은 궁극적으로 구원에 이르지 못했단 말인가? 그런데 우리는 조금 전에 구약시대의 성도들은 이러한 약속이 성취되는 것을 보지 못했다는 사실을 살펴보았다. 그렇기에 이것은 구약시대 이후에 이뤄질 하나님의 약속으로 해석해야 한다.

▶ 약속 4. 새 영을 주어 너희를 정결하게 할 것이다.

"(그때에) 맑은 물을 너희에게 뿌려서 너희로 정결하게 하되 곧 너희 모든 더러운 것에서와 모든 우상 숭배에서 너희를 정결하게 할 것이며 또 새 영을 너희 속에 두고 새 마음을 너희에게 주되 너희 육신에서 굳은 마음을 제거하고 부드러운 마음을 줄 것이며 또 내 영을 너희 속에 두어 너희로 내 율례를 행하게 하리니 너희가 내 규례를 지켜 행할지라. 내가 너희 조상들에게 준 땅에서 너희가 거주하면서 내 백성이 되고 나는 너희 하나님이 되리라"(겔 36:25-28). 이 말씀을 나는 온전한 성화와 관련해서 다음과 같이 적용하였다.

첫째, 이 말씀은 우리가 앞서 살펴본 예레미야서의 구절들로부터 19년이 흐른 뒤에 기록되었다. 그것은 분명히 그와 같은 시대를 언급하고 있으며, 그와 같은 축복에 대한 약속이다.

둘째, 이 말씀은 온전한 성화에 대한 약속이라는 사실을 도저히 부인할 수 없을 정도로 매우 분명하다. 여기에 사용된 표현은 상당히 명확하고 포괄적이다. 기한이 다 된 미래의 어느 때를 언급하는 '그때에' '맑은 물을 너희에게 뿌려서 너희로 정결하게' 할 것이다. 첫 번째 약속인 "너희로 정결하게 하리라"는 말씀을 주목하라. 만약 '정결하게' 되는 것이 온전한 성화를 의미하지 않는다면 도대체 과연 그것이 무엇을 의미한단 말인가? 두 번째 약속은 "곧 너희 모든 더러운 것에서와 모든 우상 숭배에서 너희를 정결하게 할 것"이라는 말씀이다. 만약 '모든 더러운 것에서와 모든 우상 숭배에서' 정결하게 되는 것이 온전한 성화의 상태가 아니라면 과연 도대체 그것이 무엇이란 말인가? 세 번째 약속은 "또 새 영을 너희 속에 두고 새 마음을 너희에게 주되 너희 육신에서 굳은 마음을 제거하고 부드러운 마음을 줄 것"이라는 말씀이다. 만약 '딱딱한 돌같이 굳은 마음'과는 대조적으로 '정결한 마음' '새로운 마음' '부드러운 마음'을 갖는 것이 온전한 성화가 아니라면 도대체 그게 무엇이란 말인가? 네 번째 약속은 "또 내 영을 너희 속에 두어 너희로 내 율례를 행하게 하리니 너희가 내 규례를 지켜 행할지라"는 말씀이다. 다섯 번째 약속은 "내가 너희 조상들에게 준 땅에서 너희가 거주하면서 내 백성이 되고 나는 너희 하나님이 되리라"는 말씀이다.

셋째, 이러한 약속에 사용된 표현을 명령에 사용된 표현으로 바꾸어보라. 그리하여 하나님이 다음과 같이 말씀하시는 것으로 이해해보라. "네 자신을 정결한 마음, 새로운 마음, 새로운 영으로 가득 채워라. 네 모든 죄악, 네 모든 더러운 것, 네 모든 우상을 걷어치워라. 내 율례를 따라 행하며, 내 규례를 지키며, 그것들을 행하라." 그렇다면 자기 이성을 분별력 있게 활용하는 사람이라면 이와 같은 명령을 통하여 하나님이 우리에게 온전한 성화의 상태를 요구하신다는 사실을 도대체 어떻게 의심할 수 있겠는가!

합당한 해석의 원리에 따라서 우리는 그에 걸맞게 하나님을 이해해야 한다. "그 약속을 내놓은 주체가 자기 의도를 달성하려고 하거나, 약속을 받는 사람의 필요를 충분히 채우면서 부담은 덜어주려는 관심 역시 반드시 고려되어야 한다. 그 약속 자체와는 별개로, 그 약속을 내놓은 주체가 약속을 받는 사람과 더불어 그 사람의 필요를 채우면서 부담을 덜어주는 일에 최고의 관심을 보인다는 사실이 만족스럽게 증명된다면 그 주체의 약속은 그에 걸맞게 해석되어야 한다."

만약 이것이 실제로 그렇다면 어떤 약속에서 이와 같은 표현이 발견되었을 때 도대체 무엇이 그에 대한 공평하고 적절한 해석이란 말인가? 하나님이 어떤 명령에서와 마찬가지로 어떤 약속에서도 그와 같은 표현을 사용하신다면 하나님이 그런 약속을 통하여 전달하려고 의도하시는 것과 관련하여 나는 절대로 아무런 의심 없이 받아들일 것이다.

예를 들어 에스겔서 18장 29~32절 말씀을 살펴보자. "그런데 이스라엘 족속은 이르기를 주의 길이 공평하지 아니하다 하는도다. 이스라엘 족속아 나의 길이 어찌 공평하지 아니하냐. 너희 길이 공평하지 아니한 것 아니냐. 주 여호와의 말씀이니라. 이스라엘 족속아 내가 너희 각 사람이 행한 대로 심판할지라. 너희는 돌이켜 회개하고 모든 죄에서 떠날지어다. 그리한즉 그것이 너희에게 죄악의 걸림돌이 되지 아니하리라. 너희는 너희가 범한 모든 죄악을 버리고 마음과 영을 새롭게 할지어다. 이스라엘 족속아 너희가 어찌하여 죽고자 하느냐. 주 여호와의 말씀이니라. 죽을 자가 죽는 것도 내가 기뻐하지 아니하노니 너희는 스스로 돌이키고 살지니라." 지금 우리가 적용해보려는 약속에 사용된 표현이 이 명령에 사용된 표현만큼 많은 의미를 담고 있다는 사실은 모든 해석 원리에서 주장하는 것이다. 그런데 하나님이 자기 백성들에게 모든 죄악을 내던져버리라고 요구하셨을 때 단지 그 백성이 모든 죄악 가운데 일부만을 내던져버리라는 뜻으로 말씀하신 것이라고, 도대체 누가 감히 상상이라도 하겠는가?

넷째, 이 약속은 교회와 관련되어 있으며 어느 과거의 교회시대 중에 이에 합당한 의미에 따라서 이 약속이 성취된 적이 있는 것으로 결코 여길 수는 없다.

다섯째, 역사적으로 미래의 어느 시대에 있는 교회를 생각해볼 때 이 약속은 확실히 성취될 것이라는 의미에서 그것은 절대적이다.

여섯째, 이 약속은 분명히 옛 시대 아래 있던 유대인들보다는 새 시대 아래 있는 그리스도인들에게 의도되었다. 정결한 물을 뿌리고 성령을 부어주신다는 것은 이 약속이 기독교 시대에 더욱 확실하게 속해 있다는 사실을 분명히 가리킨다. 이 약속은 예레미야서 31장 31~34절, 요엘서 2장 28절(그 후에 내가 내 영을 만민에게 부어주리니 너희 자녀들이 장래 일을 말할 것이며 너희 늙은이는 꿈을 꾸며 너희 젊은이는 이상을 볼 것이며)을 비롯한 다른 많은 구절과 같은 부류의 약속에 속해 있다는 사실을 부인할 수 없다.

이러한 약속은 분명히 기한이 다 차는 기쁜 소식의 날을 기대하고 있다. 이러한 약속은 한 번도 그 영역과 의미 안에서 충분히 성취된 적이 없었으므로 그 완전한 성취는 그리스도의 몸인 교회를 통하여 실현되기 위해 여전히 남아 있다. 그리고 이 약속을 자신의 것으로 이해하고 믿으면서 순종하고 적절히 활용하는 그러한 개인과 세대들이 그 축복을 손에 넣게 될 것이다.

▶ 약속 5. 하나님이 이루실 것을 명시적으로 약속하셨다.

다음으로 이 책의 초반부에 인용한 약속인 데살로니가전서의 말씀을 살펴보자. "평강의 하나님이 친히 너희를 온전히 거룩하게 하시고 또 너희의 온 영과 혼과 몸이 우리 주 예수 그리스도께서 강림하실 때에 흠 없게 보전되기를 원하노라. 너희를 부르시는 이는 미쁘시니 그가 또한 이루시리라"(살전 5:23-24). 이 말씀을 나는 이렇게 적용하였다.

첫째, 성경 어휘사전에 따르면 여기에 사용된 표현은 완전한 성화 또는 온전한 성화를 표현하는 가장 강력한 형태라는 것이다.

둘째, 이것은 온전한 성화를 위한 기도이며 온전한 성화에 대한 약속임이 분명하다.

셋째, 바로 이와 같은 표현은 이런 기도와 약속이 이생과 관련되어 있음을 보여준다. 왜냐하면 그것이 우리 영뿐만 아니라 우리 몸의 성화를 위한 기도와 약속이기 때문이다. 또한 그 이후가 아니라 예수 그리스도의 오심으로 그것들이 보존될 수 있다는 사실을 보여준다.

넷째, 이것은 하나님이 그렇게 하시겠다는 명시적인 약속과 어우러진 영감의 기도이다.

다섯째, 본질상 이 말씀의 성취는 우리 믿음에 달려 있다. 왜냐하면 믿음 없는 성화는 당연히 불가능하기 때문이다.

여섯째, 지금까지 이미 앞에서 살펴본 것들과 함께, 만약 이 약속을 정직하게 해석하는데도 이생에서 온전한 성화를 얻을 수 있는지에 관한 문제를 충분히 해결하지 못한다면 어떤 것도 성경 말씀에 적용해서 온전히 해결할 수 없을 것이다.

내가 지금까지 언급한 것과 같은 정도로 의미심장한 중요성을 지닌 하나님의 약속은 상당히 많다. 그리고 앞서 말한 해석 원리에 비추어 그런 약속을 차근히 살펴본다면 성화가 성경의 가르침(교리)임을 보여주는 엄청난 증거들이 드러날 것이다. 다시 한번 부탁하건대 앞서 소개한 명백하고 자명한 원리에 비추어 하나님의 약속을 자세히 살펴보기를 바란다. 그러면 당신은 분명히 온전한 성화에 관한 흔들림 없는 확신을 하게 될 것이다.

이제 우리는 온전하고 영속적인 성화를 이생에서 도달할 수 있는 것인지에 관한 이유를 좀 더 깊이 살펴보려고 한다. 지금부터 나는 이와 같은 가르침(교리)을 뒷받침하는 여러 가지 이유를 논증하는 데로 당신을 이끌 것이다.

그리스도께서 성화를 위하여
기도하라고 가르치셨기에

그리스도도 자신을 따르는 사람들이 이생에서 온전한 성화에 이를 수 있도록 기도하셨다. 그리스도는 "내가 아버지께 비는 것은 그들을 세상에서 데려가시는 것이 아니라 악한 자에게서 그들을 지켜주시는 것"(요 17:15, 표준새번역)이라고 말씀하셨다. 그리스도는 온갖 박해나 자연적인 죽음에서 제자들을 지켜달라고 기도한 게 아니라 제자들을 악에서 지켜달라고 분명히 기도하셨다. 그리스도께서 이 세상의 악으로부터 자신들을 지켜내도록 제자들에게 명령을 내리셨다고 가정해보라. 그러한 명령을 통하여 그리스도께서 의미하는 바는 무엇이라고 이해해야 하는가?

또한 그리스도는 천국에 존재하는 온전한 성화를 이생에서 이룰 수 있도록 기도하라고 우리에게 가르치셨다. "하나님의 뜻이 하늘에서 이루어진 것처럼 이 땅에서도 이루어지이다." 그런데 그리스도께서 전혀 허락될 수 없거나 허락되지 않는다고 알고 있는 것을 위하여 기도하라고 우리에게 가르치셨을까? 이것은 누구나 알고 있는 것처럼 전혀 그렇지 않다. 그럴 가능성조차 존재하지 않는다!

사도들도 분명히 도달할 수 있다고 기대했기에

사도들은 분명히 그리스도인들이 이생에서 이와 같은 상태에 도달하길 기대하였다. 골로새서 4장 12절을 묵상해보라. "그리스도 예수의 종인 너희에게서 온 에바브라가 너희에게 문안하느니라. 그가 항상 너희를 위하여 애써 기도하여 너희로 하나님의 모든 뜻 가운데서 완전하고 확신 있게 서기를 구하나니." 이 말씀은 이렇게 적용될 수 있다.

첫째, 그리스도인들이 "하나님의 모든 뜻 가운데서 완전하고 확신 있게 서도록" 하기 위하여 도움을 주는 것이 바로 에바브라가 힘써 노력을 기울인 목적이었으며, 또한 에바브라가 달성하기를 기대했던 것이었다.

둘째, 만약 이와 같은 표현이 온전한 성화의 상태를 묘사하는 게 아니라면 나는 온전한 성화의 상태가 어떤 상태인지 도저히 모르겠다. 만약 "하나님의 모든 뜻 가운데서 완전하고 확신 있게 서는 것"이 온전한 성화가 아니라면 도대체 무엇이 온전한 성화란 말인가?

셋째, 바울은 에바브라가 이와 같은 목적에 대해 기대하고 열심히 수고했다는 것을 매우 잘 알고 있었다. 바울은 이에 관한 소식을 교회에 흔쾌히 알리는 방식으로 에바브라의 관점과 행실을 전적으로 인정한다는 점을 분명히 보여주었다.

또한 고린도후서 7장 1절에서는 사도들이 그리스도인들에게 이와 같은 상태에 도달하기를 기대했다는 사실이 훨씬 더 분명히 나온다. "그런즉 사랑하는 자들아, 이 약속을 가진 우리는 하나님을 두려워하는 가운데서 거룩함을 온전히 이루어 육과 영의 온갖 더러운 것에서 자신을 깨끗하게 하자." 이 말씀에서 사도 바울은 편지를 쓴 사람들에게 "하나님을 두려워하는 가운데서 거룩함을 온전히 이루도록” 자신이 얼마나 진정으로 기대하고 있었는지 말하고 있다.

우리는 여기서 바울의 표현이 얼마나 강력하고 의미심장한지 정확히 관찰할 수 있다. “우리는 육과 영의 온갖 더러운 것에서 자신을 깨끗하게 하자.” 만약 “육의 온갖 더러운 것, 영의 온갖 더러운 것에서 자신을 깨끗하게 하며 거룩함을 온전히 이루는 것”이 온전한 성화가 아니라면 도대체 무엇이 온전한 성화란 말인가? 편지를 받는 그리스도인들에게 영의 온갖 더러운 것뿐만 아니라 육의 온갖 더러운 것으로부터 깨끗하게 되라고 요구하는 것을 통해서, 우리는 바울이 분명히 이생에서 온전한 성화에 이를 수 있다고 확신했다는 사실을 확인할 수 있다.

죄를 극복할 수 있는
은혜가 예비되었기에

죄짓는 모든 경우에 대한 하나님의 공급하심이 마련되어 있다는 사실로부터 나는 이생에서 이와 같은 상태에 도달할 수 있다고 주장한다. 인간은 오직 세상이나 육신이나 사탄에게 유혹받을 때만 죄를 짓는다. 그리고 우리가 온갖 유혹에서 벗어날 수 있도록 그런 공급하심이 준비되어 있다고 명시적으로 약속되어 있다. 분명히 우리가 온갖 유혹 아래서도 죄짓지 않은 채로 거기서 벗어나는 게 가능하다면 온전하고 영속적인 성화의 상태에 충분히 도달할 수 있다. 우리 영혼의 세 가지 대적, 곧 세상, 육신, 사탄을 이겨내는 데 충분한 공급하심이 마련되어 있다.

첫째, 세상. "무릇 하나님께로부터 난 자마다 세상을 이기느니라. 세상을 이기는 승리는 이것이니 우리의 믿음이니라. 예수께서 하나님의 아들이심을 믿는 자가 아니면 세상을 이기는 자가 누구냐"(요일 5:4-5).

둘째, 육신. "내가 이르노니 너희는 성령을 따라 행하라. 그리하면 육체의 욕심을 이루지 아니하리라. 육체의 소욕은 성령을 거스르고 성령은 육체를 거스르나니 이 둘이 서로 대적함으로 너희가 원하는 것을 하지 못 하게 하려 함이니라"(갈 5:16-17).

셋째, 사탄. "끝으로 너희가 주 안에서와 그 힘의 능력으로 강건하여지고 마귀의 간계를 능히 대적하기 위하여 하나님의 전신갑주를 입으라. 우리의 씨름은 혈과 육을 상대하는 것이 아니요. 통치자들과 권세들과 이 어둠의 세상 주관자들과 하늘에 있는 악의 영들을 상대함이라. 그러므로 하나님의 전신갑주를 취하라. 이는 악한 날에 너희가 능히 대적하고 모든 일을 행한 후에 서기 위함이라. …모든 것 위에 믿음의 방패를 가지고 이로써 능히 악한 자의 모든 불화살을 소멸하고 구원의 투구와 성령의 검 곧 하나님의 말씀을 가지라"(엡 6:10-13,16-17). "평강의 하나님께서 속히 사탄을 너희 발아래에서 상하게 하시리라. 우리 주 예수의 은혜가 너희에게 있을지어다"(롬 16:20).

자, 하나님의 약속을 해석하기 위한 건전한 규칙은 내가 인용한 말씀에서 의미하는 그대로 각각의 약속을 이해하도록 요구한다.

성화에 이를 수 있는 풍성한 수단이 제공되었기에

다음과 같은 구절을 살펴보면 이생에서 온전한 성화를 이루도록 풍성한 수단이 제공된다는 사실을 분명히 알 수 있다.

"내리셨던 그가 곧 모든 하늘 위에 오르신 자니 이는 만물을 충만하게 하려 하심이라. 그가 어떤 사람은 사도로, 어떤 사람은 선지자로, 어떤 사람은 복음 전하는 자로, 어떤 사람은 목사와 교사로 삼으셨으니 이는 성도를 온전하게 하여 봉사의 일을 하게 하며 그리스도의 몸을 세우려 하심이라. 우리가 다 하나님의 아들을 믿는 것과 아는 일에 하나가 되어 온전한 사람을 이루어 그리스도의 장성한 분량이 충만한 데까지 이르리니 이는 우리가 이제부터 어린아이가 되지 아니하여 사람의 속임수와 간사한 유혹에 빠져 온갖 교훈의 풍조에 밀려 요동하지 않게 하려 함이라. 오직 사랑 안에서 참된 것을 하여 범사에 그에게까지 자랄지라. 그는 머리니 곧 그리스도라. 그에게서 온몸이 각 마디를 통하여 도움을 받음으로 연결되고 결합하여 각 지체의 분량대로 역사하여 그 몸을 자라게 하며 사랑 안에서 스스로 세우느니라"(엡 4:10-16). 이 말씀을 나는 이렇게 적용하였다.

첫째, 여기에서 이야기하는 내용은 오직 이생에만 분명히 적용할 수 있다. 오직 이생에서만 사도, 선지자, 복음전도자, 목사와 교사가 자기 사역 분야에서 섬기게 된다. 그러므로 우리가 아는 한 이러한 사역 수단은 오직 이생에서만 적용될 수 있다.

둘째, 이 단락에서 사도 바울이 명백하게 가르치는 것은 이러한 수단들이 그리스도의 몸인 모든 교회를 온전하게 하기 위한 목적으로 계획되었다는 것이다. "우리가 다 하나님의 아들을 믿는 것과 아는 일에 하나가 되어 온전한 사람을 이루어 그리스도의 장성한 분량이 충만한 데까지 이르리니."

이제 다시 한번 자세히 관찰해보자. 이러한 수단은 온 교회가 "온전한 사람을 이루어 그리스도의 장성한 분량이 충만한 데까지" 이를 수 있도록 성도의 온전함을 위한 것이다. 만약 이것이 온전한 성화가 아니라면 도대체 무엇이 온전한 성화라 할 수 있겠는가? 다음에 이어지는 내용으로부터 이것이 이 세상에서 일어나야 한다는 사실이 더욱 분명해진다. "이는 우리가 이제부터 어린아이가 되지 아니하여 사람의 속임수와 간사한 유혹에 빠져 온갖 교훈의 풍조에 밀려 요동하지 않게 하려 함이라."

셋째, 이 말씀이 그와 같은 교리를 뒷받침하는 매우 강력한 약속이라는 사실을 반드시 관찰해야 한다. 왜냐하면 그런 풍성한 수단들이 이생에서 교회의 성화를 위하여 제공되었다고 이 말씀은 주장하고 있기 때문이다. 그리고 모든 교회에는 각 지체가 다 속해 있으므로 거기에는 개인의 성화를 위한 충분한 공급하심이 마련되어 있다.

넷째, 만약 그와 같은 일이 언젠가 성취되어야 한다면 그것은 바로 이와 같은 수단을 통해서다. 이러한 수단은 단지 이생에서만 사용된다. 그러니까 온전한 성화는 이생에서 분명히 이루어져야 한다.

다섯째, 만약 이 단락이 온전한 성화의 상태를 가리키는 게 아니라면 그와 같은 상태는 성경 어디에서도 언급되지 않았을 것이다. 그리고 만약 이 말씀에서 성도들이 이러한 수단을 통하여 이생에서 온전히 성화된다는 소리를 듣지 못한다면 성도들이 언젠가 성화될 것이라는 가르침을 도대체 어디서 얻어야 한단 말인가!

여섯째, 만약 이 말씀이 어떤 명령에 대한 표현으로 제시되어 있다면 우리는 그것을 도대체 어떻게 이해해야 한단 말인가? 또한 성도들이 교회에서 완전해지도록 "그리스도의 장성한 분량이 충만한 데까지" 자라나라는 명령을 받는다면 과연 이와 같은 요구를 온전한 성화보다 못한 것으로 이해할 수 있겠는가?

하나님의 성령이
우리 안에서 행하시기에

하나님은 우리 안에서, 우리를 위하여 얼마든지 이 일

을 행하실 수 있다. 에베소서 3장 14~21절을 한 번 깊이 묵상해보라.

"이러므로 내가 하늘과 땅에 있는 각 족속에게 이름을 주신 아버지 앞에 무릎을 꿇고 비노니 그의 영광의 풍성함을 따라 그의 성령으로 말미암아 너희 속사람을 능력으로 강건하게 하시오며 믿음으로 말미암아 그리스도께서 너희 마음에 계시게 하시옵고 너희가 사랑 가운데서 뿌리가 박히고 터가 굳어져서 능히 모든 성도와 함께 지식에 넘치는 그리스도의 사랑을 알고 그 너비와 길이와 높이와 깊이가 어떠함을 깨달아 하나님의 모든 충만하신 것으로 너희에게 충만하게 하시기를 구하노라. 우리 가운데서 역사하시는 능력대로 우리가 구하거나 생각하는 모든 것에 더 넘치도록 능히 하실 이에게 교회 안에서와 그리스도 예수 안에서 영광이 대대로 영원무궁하기를 원하노라. 아멘!" 이 말씀에서 나는 다음과 같은 것을 관찰하였다.

첫째, 여기서 바울은 분명히 이생에서 성도들의 온전한 성화를 위하여 기도하고 있다. 그리스도께서 그러신 것처럼 우리도 "그리스도의 장성한 분량이 충만한 데까지" 완전해져야 한다는 사실이, 우리가 "사랑 가운데서 뿌리가 박히고 터가 굳어지며" "하나님의 모든 충만하신 것으로 충만해져야" 한다는 표현에 내포되어 있다. 만약 하나님의 충만하신 것으로 충만해진다는 것이 온전한 성화의 상태를 의미하는 것이 아니라면 도대체 이 말씀이 의미하는 바가 무엇이란 말인가?

둘째, 20~21절에 등장하는 바울의 진술은 하나님이 우리 안에서 이 일을 이루시는 데에 아무런 어려움이 없는 것으로 여겼음을 알 수 있다. "우리 가운데서 역사하시는 능력대로 우리가 구하거나 생각하는 모든 것에 더 넘치도록 능히 하실 이에게, 교회 안에서와 그리스도 예수 안에서 영광이 대대로 영원무궁하기를 원하노라. 아멘!"

죽음이 온전한 성화에 이르는 길이 아니기에

성경 어디에서도 죽어야만 그리스도인이 죄를 종결짓는 것으로 이야기하지 않는다. 그리스도인이 죽을 때까지 죄를 멈추지 못한다면 이에 관하여 성경이 우리에게 경고하기를 게을리하지 않았을 것이다. 오랫동안 교회가 그리스도인들에게 모든 죄와 싸우는 싸움을 죽음으로 종결짓게 되리라고 이야기함으로써 각 개인을 달래는 일이 교회의 관습으로 자리 잡아 왔다. 이와 같은 그릇된 개념은 세상을 떠난 성도의 남아 있는 가족들을 위로하느라 사용되면서 다음과 같은 말을 가장 중요한 사실로 언급해왔다. 곧 그 성도들은 이제 죄짓기를 멈추었다는 것이다.

그러나 만약 단지 죽어야만 성도 안에서 죄짓는 것이 멈추게 된다면, 만약 영원한 세상으로 떠날 때까지 죄짓는 것을 결단코 멈출 수 없다면 도대체 왜 그 사실에 관하여 강조하여 가르치는 성경 말씀이 지나칠 정도로 부족하단 말인가? 영감받은 성경의 저자들 가운데 누구도 그와 같은 사실에 주목하지 않았다. 모든 성경은 이와 같은 생각에 완전히 반대한다.

"지금 이후로 주 안에서 죽는 자들은 복이 있도다. …그러하다. 그들이 수고를 그치고 쉬리니 이는 그들의 행한 일이 따름이라"(계 14:13). 이 말씀에 따르면 주 안에서 죽은 자들이 죄를 그만두고 쉬는 게 아니라 오히려 이생에서 선한 행실을 그치고 쉬게 된다는 사실을 분명히 가르쳐준다. 그 사람들을 따라다니는 일은 저주가 아니라 축복이다. 이 성경 말씀에서 가르쳐주는 것은 죽음이란 다른 사람들의 선과 하나님의 영광을 위하여 이 세상에서 성도가 사랑의 고통과 수고를 멈추게 된다는 사실이다.

또한 죽음에 대한 성경의 가르침은 성화를 위해서는 반드시 죽어야 한다는 개념과는 전혀 조화되지 않는다. 성경에서 죽음은 원수라고 표현된다. 그러나 만약 사람들이 온전한 성화의 상태로 나아가는 데 있어서 죽음이 유일한 조건이라면 성령의 영향력만큼이나 죽음이 중요하고도 필수불가결한 조건일 것이다. 성경에서 죽음이 원수 이외에 다른 어떤 것으로 표현될 때 그건 단지 성도들의 고통을 줄이면서 영원한 영광의 상태로 인도하기 때문이지, 그것이 사탄과 교통하는 죄를 끊어버렸기 때문이 아니다!

이 주제에 관하여 교회의 표현과 영감받은 하나님의 말씀 사이에는 엄청난 차이가 있다. 죽음이 죄를 멈추게 할 것이라고, 그리하여 자신의 정욕을 위하여 사탄을 섬기는 일을 그만두게 할 것이라고 말함으로써 교회는 어떻게든 그리스도인들을 위로하려고 애쓴다. 다른 한편으로 영감받은 하나님의 말씀에 등장하는 표현은 악행을 멈추는 게 아니라 이 세상에서 하나님을 위한 선행과 수고와 고난을 멈추게 되리라는 것이다.

비록 그릇된 것이기는 하지만 교회에서 사용하는 표현에 따르면 그리스도인들에게 이렇게 말한다. 곧 죽음으로 우리는 절대 변하지 않는 거룩한 삶으로 들어가게 될 것이며 그때가 되어서야 우리는 온전히 성화될 것이라고 말이다. 그러나 영감받은 하나님의 말씀이 분명히 가르치는 바에 따르면 우리는 이생에서 온전한 성화의 상태에 이를 수 있기에 죽음은 우리를 영원한 영광의 상태로 인도할 뿐이다. 즉 마지막 구원의 완성인 영화의 삶으로 인도하는 것이다.

모든 교회와 목회자가
교리로서 가르치고 있기에

이생에서 온전한 성화에 도달할 수 있다는 교리를 부정한다면 지금 교회 안에 명백하게 나타나는 바로 그 냉담함이 자연스러운 현상으로 자리 잡을 수밖에 없다. 단지 종교적으로 되라고 강하게 요청하는 사람들은 그 행위의 사악함에 대해서 제대로 자각하지 못한 채로 계속해서 죄를 짓게 될 것이다. 그러나 죄가 심지어 하나님의 교회 안에서도 뻔뻔스럽게 널리 퍼져나가는데도 교인들은 죄의 두려움에 대해서 전혀 자각하지 못한다. 왜냐하면 그 사람들은 이생에서 죄악의 존재를 자연스러운 것으로 받아들이기 때문이다.

어린 회심자에게 회심 후에도 죄는 지을 수밖에 없다고 가르쳐 보라. 그러면 그 사람은 당연히 별다른 양심의 가책 없이 그렇게 행동할 것이다. 왜냐하면 그것을 피할 수 없는 과정의 일부라고 여기기 때문이다. 그렇게 된다면 회심한 초신자는 회심 후 채 몇 달도 지나지 않아 하나님으로부터 굉장히 멀어졌는데도 그런 상태에 대해서 아무런 두려움도 느끼지 못할 것이다. 이것이 과연 성경에서 말하는 그리스도인의 모습인가?

그와 마찬가지 방식으로 모든 죄를 버릴 수 있다고 기대해서는 안 된다는 생각을 그리스도인들에게 가르쳐보라. 그러면 대개 그리스도인들은 자연스럽게 아주 냉담한 태도를 보이면서 계속하여 죄에 빠져 살아가게 될 것이다. 그런 그리스도인들에게 죄에 대하여 책망해보라. 그러면 그들은 이렇게 대꾸할 것이다. "아, 우리는 모두 불완전한 피조물이잖아요. 우리는 이 세상에서 완전한 체하거나 언젠가 온전하게 될 거라고 기대하지 않아요." 이와 같은 대답은 온전한 성화의 교리를 부정함으로써 하나님에게 굴욕을 안기는 동시에, 우리의 영혼을 파괴하는 경향성을 곧바로 드러내게 될 것이다.

만약 이생에서 온전한 성화에 도달할 수 있다는 교리가 사실이 아니라면 모든 복음적인 교단의 모든 교회에 관한 이 언약이 얼마나 불경스러운 신성모독이란 말인가! 모든 교회는 복되신 예수님의 찢어진 몸과 흘리신 보혈을 상징하는 표징에 손을 얹고서 "경건하지 않음과 속된 정욕을 버리고 지금 이 세상에서 신중하고 의롭고 경건하게 살아가도록"(딛 2:12 참조) 각 지체가 하나님과 더불어 엄숙하게 언약을 맺도록 요구하고 가르치고 있다.

그런데 만약 이생에서 온전한 성화에 도달할 수 있다는 가르침이 참되지 않다면 이 언약은 단지 불경스러운 조롱에 지나지 않을 것이다! 이 언약은 가장 경이로운 구속을 통하여 강제되는 동시에, 제단에 선 하나님의 사역자를 통하여 계속해서 주장되는 온전한 성화의 상태에서 살아가기 위하여 가장 엄숙한 환경 아래서 맺어진 언약이다. 그러므로 도대체 어떤 사역자가 이보다 못한 것을 요구할 수 있는 권한을 가졌단 말인가? 만약 그게 이생에서 도달할 수 있는 어떤 구체적인 것이 아니라면 도대체 어떤 목회자가 무슨 권한으로 그것을 요구할 수 있단 말인가?

복음에는 죄를 극복할 수 있는 능력이 있기에

이와 같은 가르침(교리)을 옹호하는 또 다른 주장은 이런 것이다. 사실상 복음은 흔히 일시적으로뿐만 아니라 영원하고도 완전하게 다양한 사람들 안에서 모든 형태의 죄악을 극복해왔다. 많은 사람이 가장 추잡한 정욕, 술 취함, 음란함, 그리고 오랫동안 탐닉에 빠져서 거대해진 온갖 종류의 혐오스러운 짓을 하나님의 은혜로 완벽하게 영원히 근절하는 모습을 우리는 자주 목격해왔다. 그것은 바로 복음의 빛 아래로 이와 같은 죄를 철저히 가져옴으로써 그리스도의 죽음을 통하여 죄의 권세를 완전히 깨뜨렸다는 증거이다.

어떤 종류의 죄를 근절하기 위해서 우리가 해야 하는 유일한 일은 우리 마음에서 그리스도의 죽으심과 더불어 세례를 받은 진리에 관하여 충분히 인식하는 것이다. 그리하여 복되신 그리스도의 고통과 고뇌와 죽음에 대하여 자신의 죄가 끼치는 악영향을 올바로 주목하는 것이다. 내가 하는 말이 무슨 뜻인지 구체적으로 설명하기 위하여 예화 하나를 들어보겠다.

내가 아는 사람 중에 습관적으로 담배를 피우던 어떤 그리스도인 흡연자는 이 습관을 깨부수기 위하여 온갖 노력을 다 기울였지만 번번이 실패했다. 그러자 이 사람은 더는 담배를 끊겠다는 결심을 하지 않았다. 그러던 어느 날 이 사람이 담뱃대에 불을 붙이고 이제막 입으로 갖다 대려던 순간에 갑자기 이런 생각이 떠올랐다. '이런 몹쓸 탐닉에서 나를 자유롭게 하려고 그리스도께서 돌아가시지 않았던가?' 그래서 잠시 멈칫했지만 그런 생각이 계속해서 떠올랐다. '이런 몹쓸 탐닉에서 나를 자유롭게 하려고 그리스도께서 돌아가시지 않았던가? 이 사람은 그리스도의 죽음과 담배 피우는 습관 사이의 관계를 깨닫게 되자 그 즉시 담배 피우던 습관의 힘은 깨어지고 말았고, 그때부터 거기에서 자유롭게 되었다.

나는 이보다 더 놀라운 수많은 사례를 얼마든지 이야기할 수 있다. 거기에는 그리스도의 구속과 특정한 죄의 관계에 대한 유사한 관점이 하나같이 등장하는데, 한순간에 그런 습관의 권세가 무너졌을 뿐만 아니라 그와 유사한 탐닉을 향한 소욕이 완전하게 영원히 무너졌다. 이처럼 가장 깊숙이 뿌리 박혀 있던 죄의 습관들, 그리고 우리 몸의 기능을 심각하게 저하시켜 신체에 악영향을 끼쳤던 습관들, 우리 마음을 압도하는 유혹의 근원으로 작용했던 습관들이 하나님의 은혜로 철저히 깨어지고 근절되었다면, 그와 같은 은혜로 모든 죄에 대하여 영원히 승리할 수 있다는 사실을 왜 의심한단 말인가! 그러므로 우리는 충분히 하나님의 은혜로 죄를 극복할 수 있다.

죄 없이 사는 삶이 그리스도인의
가장 큰 목표이기에

정통파 신학자들은 오랫동안 이렇게 주장해왔다. 죄 없이 살아가는 것을 목표로 삼지 않는 사람은 그리스도인이 아니라고 말이다. 만약 그 사람이 완전함을 목표로 삼지 않는다면 그 사람은 공공연히 죄 안에서 살아가는 것에 동의하는 셈이며, 그러므로 확실히 회개하지 않은 것이라고 말이다. 만약 어떤 사람이 죄를 완전히 끊어버리는 것을 자기 마음의 확고한 목적으로 삼지 않는다면, 그래서 하나님의 뜻에 완전히 순응하는 것을 목표로 삼지 않는다면 그 사람은 아직 중생하지 않은 것이며 하나님을 모욕하는 짓을 멈추지 않은 것이라고 말이다.

이에 대해서는 나는 이렇게 대답하고자 한다. 그리스도인들은 대개 온전한 성화의 상태에 도달할 수 있다고 생각해왔다. 그러나 육신적인 타락을 믿는 동안에는 감히 온전한 성별, 심지어 온전한 성화라는 말을 입에 담지 못할 것이다. 여기서 중요한 것은 이와 같은 상태가 어떤 이름으로 불리느냐가 아니라 오히려 거기에 도달하는 수단을 확고하게 붙잡는 것이다. 그리스도인의 완전이든, 천상에 마음을 둔 상태든, 온전한 성별의 상태든, 그것이 무엇으로 불리든지 간에 반드시 거기에 도달할 수 있도록 분명히 목표로 삼아야 한다는 사실은 확실하다. 거기에 도달하는 것이 실현 가능하다는 사실은 분명히 인식되어야 한다. 그렇지 않으면 그것을 목표로 삼을 수는 없다. 사실상 여기에 미치지 못하는 어떤 것을 전파하는 것은 죄를 짓도록 만드는 것이다.

만약 어떤 사람이 자신의 힘으로 술 취하는 습관을 얼마든지 이겨낼 수 있다고 생각한다고 하자. 그 사람은 다른 사람들한테 손해를 끼치지 않는 한 자신한테 좋다고 생각하는 만큼만 음주를 즐기는 습관을 유지할 수도 있다. 그러나 죄로부터 변화되는 과정에서는 그와 같은 일이 일어나기란 불가능하다. 어떤 인간도 순전히 자기 힘으로는 절대로 죄를 이겨내지 못한다. 만약 그 사람이 어느 정도의 죄는 불가피하다고 인정한다면 그 사람은 회개할 마음도 없이 그냥 죄 가운데 살아가는 삶에 동의하는 것이나 마찬가지다. 그 사람은 성령께 버림받고서 죄에 합법적으로 속박당하는 상태로 되돌아가고 말 것이다. 그러니까 아마도 이건 99%의 교회들이 실제로 걸어온 역사일 것이다. 이건 바로 이 주제에 관하여 현재 교회들이 저지른 그릇된 관행 때문에 예상되는 현상일 것이다.

퇴행이 발생하는 이유는 충분히 깊은 변화가 진행되지 못했기 때문이다. 대개 그리스도인들은 온 마음을 다하여 모든 죄악에서 신속하게 벗어나는 것을 목표로 삼지 않는다. 그와는 반대로 이 세상에서 살아가는 한 마땅히 죄지을 수밖에 없다는 관념 속에서 살아간다. 그리고 많은 교회가 여전히 그렇게 가르친다.

내가 어린 회심자였을 때 데이비드 브레이너드의 일기를 읽으면서, 그가 이생에서 온전한 거룩함에 도달할 수 있다고 전혀 기대하지 않았다는 내용을 접하고서, 내 마음에 받았던 상처를 지금도 결코 잊을 수가 없다. 그러나 이제 나는 그것이 브레이너드가 고수했던 육신의 전적인 타락 이론에서 자연스럽게 추론한 것임을 쉽게 알 수 있다. 그 당시에는 이 사실을 제대로 알지 못했기에 브레이너드의 관점이 상당히 오랫동안 나를 괴롭혔다. 그것은 내가 이렇게 추론하도록 만들었다. 만약 데이비드 브레이너드 같은 사람조차도 이생에서 온전한 거룩함에 도달할 수 있다고 기대하지 않는다면 나와 같은 사람이 그런 것을 기대하는 건 아무런 소용도 없는 일이 아닌가!

그런데 사실은 높은 수준의 거룩함에 도달하기 위하여, 그리고 이생에서 온전한 성화에 이르기 위해서 해야 할 중요한 일이 있다면 그것은 바로 죄를 완전히 끊겠다는 원칙, 죄짓지 않고 살겠다는 목표를 채택하는 것이다. 죄를 완전히 끊어버리는 것이 모든 사람의 좌우명이 되어야 한다. 그렇지 않으면 마치 홍수처럼 죄가 모든 사람을 말끔히 휩쓸어갈 것이기 때문이다. 만약 모든 그리스도인이 모든 죄를 완전히 끊어버리겠다는 목표를 원칙적으로 채택하여 실행하지 않는다면 그 사람들은 분명히 다시금 그 일을 되풀이하는 자신을 발견하게 될 것이다. 그리고 그리스도 안에 머무는 것처럼 그리스도와 굉장히 친숙해지는 수준까지 나아가도록 자신을 촉구하지 않는다면 당연히 그 사람은 머지않아 이전 상태로 되돌아가고 말 것이다.

이생에서 온전한 성화에 도달할 수 있다는 가능성을 최종적으로 뒷받침하기 위하여, 나는 이제 매우 중요한 질문에 답해보려고 한다. 그것은 곧 "그렇다면 누가 실제로 이생에서 온전한 성화의 상태에 도달한 적이 있는가?"이다. 거기에 도달할 수 있다고 믿는다고 할지라도 어떤 사람들은 그것에 실제로 도달한 적이 있다는 사실을 보여주는 것이 얼마나 중요한지 제대로 생각하지 못한다. 비록 실제로 거기에 한 번도 도달한 적이 없었을지도 모르지만 나는 아무 거리낌 없이 거기에 도달할 수 있다는 사실을 인정한다.

그러나 교회에 대한 권면의 문제로서, 누군가 이생에서 온전하고 지속적인 거룩함의 상태에 실제로 도달했는지 아닌지를 아는 것은 매우 중요한 문제이다. 이 문제가 너무나 많은 영역을 다루고 있기에 나는 단지 하나의 사례만 자세히 살펴볼 작정이며, 그 경우에 그 사람이 온전한 성화의 상태에 도달하지 못했다고 할 만한 충분한 이유가 있는지를 알아볼 것이다.

내가 언급하고자 하는 사람은 바로 사도 바울이다. 나는 바울이 이생에서 온전한 성화의 상태에 도달하였는지를 확인하려는 목적으로 이번 장에서 바울을 자세히 다룰 것이다. 왜냐하면 다른 사도들은 말할 것도 없이, 특히 바울은 자신의 개인적인 경험을 이야기하면서 그리스도와 그분의 복음 안에서 자신과 같은 상태에 도달하라고 권면했기 때문이다. 그리고 자신이 경험한 온전한 성화의 상태를 지금을 사는 우리와도 나누길 원했기 때문이다.

나는 먼저 바울이 자신에 관해 이야기하면서 사용했던 표현을 이해하는 방식과 관련하여 몇 가지 지침을 언급할 것이며 더 나아가 바울의 그리스도인다운 성품을 묘사하는 말씀들을 자세히 살펴볼 것이다.

첫째, 바울이 자기 마음에서 이끄는 대로 이야기할 때 성경에 드러나는 바울의 성품으로 미루어보면 우리는 그 모든 말에 진심이 담겨 있는 것으로 이해할 수밖에 없다.

둘째, 영감을 불어넣는 영이 자신을 지나치게 높이지 않도록 바울은 경계하였을 것이다.

셋째, 역사상 어떤 사람도 바울보다 더 커다란 겸손을 소유하고 있는 것처럼 보이지 않는다. 바울은 자신의 업적을 내세우지 않았으며 다른 사람들을 통해서 알려지는 것조차 전혀 달가워하지 않았다.

넷째, 만약 바울이 온전한 성화의 상태에 도달하지 못했다고 스스로 생각했다면, 자기 사명을 다 감당하지 못했다고 스스로 판단했다면 우리는 가장 깊은 자기 비하 가운데서 이와 같은 사실을 인정하는 바울의 모습을 발견할 수 있을 것이다.

다섯째, 만약 바울이 죄 가운데 살았고 어떤 일에서 사악하다는 비난을 받았다면 우리는 성령 안에서 명확하게 자신을 정죄하는 바울의 모습을 발견할 수 있을 것이다.

온전한 성화에 이르렀다는 바울 자신의 증거를 통해서

이제 이러한 사실들로 미루어 바울이 자신에 관하여 이야기하는 성경 말씀을, 그리고 다른 사람들에게 온전히 성화되었다는 소리를 듣는 성경 말씀을 자세히 살펴보고자 한다.

첫째, "우리가 너희 믿는 자들을 향하여 어떻게 거룩하고 옳고 흠 없이 행하였는지에 대하여 너희가 증인이요 하나님도 그러하시도다"(살전 2:10). 이 말씀을 나는 이렇게 적용하였다. 여기서 바울은 절대적으로 자신의 거룩함을 주장한다. 이 표현은 아주 강력한 것이다. "어떻게 거룩하고 옳고 흠 없이 행하였는지." 만약 거룩하고 옳고 흠 없어지는 것이 온전한 성화가 아니라면 과연 도대체 무엇이 성화란 말인가!

바울은 자신이 말한 게 진실하다는 것을 친히 자신의 마음을 감찰하시는 하나님과 지금까지 자신을 지켜본 사람들에게 호소하고 있다. 바울은 자신이 지금까지 거룩하고 옳고 흠 없이 행하였다는 사실을 증언해달라고 하나님과 사람들에게 요청하고 있다.

여기서 우리는 자신의 온전한 성화에 관해 주장하면서 영감받은 사도 바울의 간증을 가장 강력한 표현으로 듣게 된다. 사도 바울이 우리를 속였겠는가? 과연 사도 바울은 자신이 언제나 죄 가운데 살아왔다고 알고 있었다고 말할 수 있겠는가? 만약 이와 같은 표현이 아무런 죄 없이 사람들 가운데서 살았다는 사도 바울의 절대적인 주장으로 여겨지지 않는다면 인간적인 표현을 사용하여 도대체 무엇을 알릴 수 있단 말인가!

둘째, "무엇에든지 아무에게도 거리끼지 않게 하고 오직 모든 일에 하나님의 일꾼으로 자천하여 많이 견디는 것과 환난과 궁핍과 고난과 매 맞음과 갇힘과 난동과 수고로움과 자지 못함과 먹지 못함 가운데서도 깨끗함과 지식과 오래 참음과 자비함과 성령의 감화와 거짓이 없는 사랑과 진리의 말씀과 하나님의 능력으로 의의 무기를 좌우에 가지고 영광과 욕됨으로 그러했으며 악한 이름과 아름다운 이름으로 그러했느니라. 우리는 속이는 자 같으나 참되고 무명한 자 같으나 유명한 자요. 죽은 자 같으나 보라. 우리가 살아 있고 징계를 받는 자 같으나 죽임을 당하지 아니하고 근심하는 자 같으나 항상 기뻐하고 가난한 자 같으나 많은 사람을 부요하게 하고 아무것도 없는 자 같으나 모든 것을 가진 자로다"(고후 6:3-10). 이 말씀에 대하여 나는 이렇게 적용하였다.

바울은 무엇에든지 아무에게도 거리끼지 않게 하고 오직 모든 일에 하나님의 일꾼으로 자천하였다고 주장한다. 바울은 다른 모든 것 사이에서 '깨끗함'과 '성령의 감화'와 '거짓이 없는 사랑'과 '의의 무기를 좌우에 가지고' 이렇게 행하였다. 만약 바울이 온전한 성화의 상태를 경험하고 있다는 것을 알지 못했으며, 교회가 온전한 성화를 알아야 한다는 사실이 매우 중요하다고 여기지 못했다면 바울과 같이 겸손한 사람이 도대체 어떻게 이런 식으로 자신에 관해서 이야기할 수 있었겠는가!

셋째, "우리가 세상에서 특별히 너희에 대하여 하나님의 거룩함과 진실함으로 행하되 육체의 지혜로 하지 아니하고 하나님의 은혜로 행함은 우리 양심이 증언하는 바니 이것이 우리의 자랑이라"(고후 1:12). 이 말씀도 명백하게 같은 내용을 의미하는데 분명히 같은 목적을 들려주고 있다. 곧 바울 자신의 인생에서 드러난 하나님의 은혜가 얼마나 큰지 선포하고 있다.

넷째, "이것으로 말미암아 나도 하나님과 사람에 대하여 항상 양심에 거리낌이 없기를 힘쓰나이다"(행 24:16). 이 시점에서 바울은 틀림없이 훤히 밝아진 양심을 갖게 되었을 것이다. 만약 영감받은 바울이 "하나님과 사람에 대하여 항상 양심에 거리낌이 없기를" 스스로 힘썼다고 주장할 수 있었다면 바울은 온전한 성화의 상태에 도달해 있었음이 틀림없지 않겠는가!

다섯째, "내가 밤낮 간구하는 가운데 쉬지 않고 너를 생각하여 청결한 양심으로 조상적부터 섬겨 오는 하나님께 감사하고"(딤후 1:3). 여기서 다시 한번 바울은 청결한 양심으로 하나님을 섬기고 있다고 주장한다. 만약 바울이 자주, 그리고 아마도 어떤 목적을 위하여 날마다 자기 양심에 거리끼는 일을 저지르고 있었다면 도대체 어떻게 이 말을 진정으로 할 수 있었겠는가!

여섯째, "내가 그리스도와 함께 십자가에 못 박혔나니 그런즉 이제는 내가 사는 것이 아니요 오직 내 안에 그리스도께서 사시는 것이라. 이제 내가 육체 가운데 사는 것은 나를 사랑하사 나를 위하여 자기 자신을 버리신 하나님의 아들을 믿는 믿음 안에서 사는 것이라"(갈 2:20). 이 말씀은 바울이 죄 없이 살았다고 단언하는 게 아니라 그런 삶을 살았을 것이라고 강력하게 암시해준다.

일곱째, "그러나 내게는 우리 주 예수 그리스도의 십자가 외에 결코 자랑할 것이 없으니 그리스도로 말미암아 세상이 나를 대하여 십자가에 못 박히고 내가 또한 세상을 대하여 그러하니라"(갈 6:14). 이 말씀 역시 앞의 말씀과 같이 함축된 의미를 암시하고 있다.

여덟째, "나의 간절한 기대와 소망을 따라 아무 일에든지 부끄러워하지 아니하고 지금도 전과 같이 온전히 담대하여 살든지 죽든지 내 몸에서 그리스도가 존귀하게 되게 하려 하나니 이는 내게 사는 것이 그리스도니 죽는 것도 유익함이라"(빌 1:20-21). 여기서 사도 바울은 자신에게 사는 것이란 그리스도께서 교회 안에 사시는 것과 마찬가지라고 주장한다. 바울의 본보기와 가르침과 영이 그리스도의 것과 같지 않았다면 도대체 어떻게 바울이 이렇게 말할 수 있었겠는가!

아홉째, "그러므로 오늘 여러분에게 증언하거니와 모든 사람의 피에 대하여 내가 깨끗하니 이는 내가 꺼리지 않고 하나님의 뜻을 다 여러분에게 전하였음이라"(행 20:26-27). 문맥에 비춰볼 때 이 말씀은 바울이 자기 이야기를 듣는 사람들의 마음에 남겨두기를 원했던 것이 무엇인지 분명히 보여준다. 만약 바울이 자신의 모든 사명을 제대로 감당하지 못했다면 정말로 "모든 사람의 피에 대하여 내가 깨끗하다"라고 고백할 수 없었을 것이다. 만약 어떤 은혜, 덕성, 또는 수고에서 죄악을 저지르는 것과 같은 부족한 모습을 보였다면 도대체 어떻게 바울이 이렇게 말할 수 있었겠는가? 분명히 그럴 수 없었을 것이다!

열째, "그러므로 우리가 낙심하지 아니하노니 우리의 겉사람은 낡아지나 우리의 속사람은 날로 새로워지도다. 우리가 잠시 받는 환난의 경한 것이 지극히 크고 영원한 영광의 중한 것을 우리에게 이루게 함이니 우리가 주목하는 것은 보이는 것이 아니요 보이지 않는 것이니 보이는 것은 잠깐이요 보이지 않는 것은 영원함이라"(고후

4:16-18). 여기서 바울은 자신을 교회의 본보기로 분명하게 제시하고 있다. 만약 바울이 죄 가운데 살았다면 도대체 어떻게 이렇게 할 수 있었겠는가! 바울은 디모데를 이 사람들에게 보내서 자신의 가르침과 행실을 기억하고 따르게 권면하였다. 이는 바울이 모든 교회에 가르친 것을 몸소 실천했다는 사실을 방증한다.

열한 번째, "내가 그리스도를 본받는 자가 된 것같이 너희는 나를 본받는 자가 되라"(고전 11:1). 여기서 바울은 사람들에게 자신을 따르는 자가 되라고 명령한다. 마치 바울 자신이 그리스도를 따르는 것처럼 말이다. 어떤 사람들이 이해하는 것처럼 바울이 그리스도를 따랐던 것만큼 그토록 철저하게 자신을 따르라는 게 아니라 단지 바울 자신도 그리스도를 따랐기 때문에 그 자신을 따르라는 것이다. 만약 바울이 자신에게 아무런 흠이 없다고 생각하지 않았다면 도대체 어떻게 이런 절대적인 방식으로 자신을 본받으라고 교회에 명령할 수 있었겠는가!

열두 번째, "형제들아 너희는 함께 나를 본받으라. 그리고 너희가 우리를 본받은 것처럼 그와 같이 행하는 자들을 눈여겨보라. … 그러나 우리의 시민권은 하늘에 있는지라 거기로부터 구원하는 자 곧 주 예수 그리스도를 기다리노니 그는 만물을 자기에게 복종하게 하실 수 있는 자의 역사로 우리의 낮은 몸을 자기 영광의 몸의 형체와 같이 변하게 하시리라"(빌 3:17,20-21). 여기서 다시 한번 바울은 교회에 자신을 따르라고 요청한다. 특히 바울의 본보기를 따랐던 사람들에게 자신을 주목하라고 요청한다. 그러면서 "우리의 시민권은 하늘에 있다"라는 이유를 제시한다.

열세 번째, "끝으로 형제들아 무엇에든지 참되며 무엇에든지 경건하며 무엇에든지 옳으며 무엇에든지 정결하며 무엇에든지 사랑받을 만하며 무엇에든지 칭찬받을 만하며 무슨 덕이 있든지 무슨 기림이 있든지 이것들을 생각하라. 너희는 내게 배우고 받고 듣고 본 바를 행하라. 그리하면 평강의 하나님이 너희와 함께 계시리라"(빌 4:8-9). 그런 다음 바울은 자신에게 듣고 보고 받고 배운 바대로 행하면 하나님의 평강이 그 사람들과 함께 있으리라고 덧붙인다. 자, 이제 여기서 당신은 스스로 성화의 삶을 살았다고, 경험했다고 주장하는 바울의 말이 거짓이라고 증명할 수 있겠는가?

바울이 온전한 성화에 이르지 못했다고 주장하는 사람들의 해석

다음으로 우리는 바울이 온전한 성화의 상태에 도달하지 못했다는 의미로 어떤 사람들이 해석하는 말씀들을 자세히 살펴보자.

첫째, "며칠 후에 바울이 바나바더러 말하되 우리가 주의 말씀을 전한 각 성으로 다시 가서 형제들이 어떠한가 방문하자 하고 바나바는 마가라 하는 요한도 데리고 가고자 하나 바울은 밤빌리아에서 자기들을 떠나 함께 일하러 가지 아니한 자를 데리고 가는 것이 옳지 않다고 하여 서로 심히 다투어 피차 갈라서니 바나바는 마가를 데리고 배 타고 구브로로 가고 바울은 실라를 택한 후에 형제들에게 주의 은혜에 부탁함을 받고 떠나 수리아와 길리기아로 다니며 교회들을 견고하게 하니라"(행 15:36-41).

바울과 바나바 사이의 이와 같은 다툼은 바나바의 조카인 마가 요한이 선교여행 도중에 한 번 급작스럽게 일행을 떠나 집으로 그냥 돌아간 사실에 기초한 것이다. 그것도 겉으로 보기에는 아무런 합당한 이유도 없이 말이다. 그런데 자기 조카에 대한 바나바의 신뢰는 회복된 것으로 보인다. 그러나 바울은 여전히 마가의 성품에서 드러난 안정감에 만족할 수 없을뿐더러 마가를 동료 사역자로 신뢰하기엔 다소 위험스럽다고 생각하였다. 이 과정에서 두 사람이 말다툼은 하였지만 그것이 죄지은 것이라고 명백하게 암시하거나 추론할 수는 없다.

두 사람 사이에 일어났던 말다툼은 마가 요한을 일행으로 데려가는 방편에 대한 서로의 관점이 달랐기 때문이라고 이해하는 것이 옳을 듯하다. 둘 다 자기 원칙을 고수함으로써 둘 다 상대편의 의견에 굴복하는 건 자신이 신경 쓸 바 아니라고 느꼈던 것 같다. 만약 굳이 두 사람의 잘잘못을 따진다면 오히려 바울보다 바나바가 더 잘못했던 것처럼 보인다. 왜냐하면 바나바는 바울에게 아무런 상의도

없이 마가를 일행으로 데려가기로 했기 때문이다. 결국 바나바는 강력한 반대에 부딪히고서도 자신의 결정을 굽히지 않았으며, 급기야 마가 요한을 데리고 구브로를 향하여 선교여행을 떠났다. 한편 바울은 실라를 동료로 선택하여 형제들로부터 하나님의 은혜가 함께하기를 바라는 인사를 받고, 따로 선교여행을 떠났다.

자, 이제 우리가 보기에 바울이든, 어떤 선한 사람이든, 어떤 천사든 간에 이와 같은 일 처리 과정에서 작은 말다툼 따위는 아무것도 부끄러워할 필요가 없다는 게 확실해 보인다. 이 경우에 바울은 하나님의 영광과 신앙적인 선을 고려하여 그렇게 처신했다. 그렇다면 나는 이렇게 겸손하게 물어보겠다. 도대체 어떤 종류의 영으로 이 같은 경우에 영감받은 사도가 하나님에게 반항했다고 비난할 만한 충분한 증거를 찾을 수 있단 말인가? 심지어 이 경우에 바울이 잘못했다고 인정하더라도 바울이 이와 같은 서신서들을 쓰던 시기나 그 이후로도 성화되지 못했다고 주장할 만한 증거는 어디에도 없다. 왜냐하면 이 사건이 기록된 시기는 다른 어떤 서신서들보다 훨씬 더 이전에 기록되었기 때문이다.

둘째, "바울이 공회를 주목하여 이르되 여러분 형제들아 오늘까지 나는 범사에 양심을 따라 하나님을 섬겼노라 하거늘 대제사장 아나니아가 바울 곁에 서 있는 사람들에게 그 입을 치라 명하니 바울이 이르되 회칠한 담이여 하나님이 너를 치시리로다. 네가 나를 율법대로 심판한다고 앉아서 율법을 어기고 나를 치라 하느냐 하니 곁에 선 사람들이 말하되 하나님의 대제사장을 네가 욕하느냐. 바울이 이르되 형제들아 나는 그가 대제사장인 줄 알지 못하였노라. 기록하였으되 너의 백성의 관리를 비방하지 말라 하였느니라 하더라"(행 23:1-5).

이 경우에 죄스러운 분노를 일으켰다고 바울에게 덮어씌우기도 하지만 그것은 아무런 합당한 근거도 없는 처사이다. 오히려 그 반대로 유추할 수 있다. 바울은 개인적으로 최근에 대제사장 자리에 오른 사람이 누구인지 알지 못했던 것으로 보인다. 그래서 바울은 "너의 백성의 관리를 비방하지 말라"는 구약의 말씀을 인용하면서 하나님의 권위에 대한 극진한 존경심을 나타내 보여주었다. 이는 그 자신이 받은 모욕에도 그 사람이 대제사장인 줄 알았더라면 그런 식으로 대답하지 않았을 것이라는 사실을 방증해준다.

셋째, 많은 사람은 로마서 7장 14~25절에 대해 이 서신서를 쓰던 시기에 겪은 바울의 경험을 보여주는 축소판이라고 말한다. "우리가 율법은 신령한 줄 알거니와 나는 육신에 속하여 죄 아래에 팔렸도다. 내가 행하는 것을 내가 알지 못하노니 곧 내가 원하는 것은 행하지 아니하고 도리어 미워하는 것을 행함이라. 만일 내가 원하지 아니하는 그것을 행하면 내가 이로써 율법이 선한 것을 시인하노니 이제는 그것을 행하는 자가 내가 아니요. 내 속에 거하는 죄니라. 내 속 곧 내 육신에 선한 것이 거하지 아니하는 줄을 아노니 원함은 내게 있으나 선을 행하는 것은 없노라. 내가 원하는 바 선은 행하지 아니하고 도리어 원하지 아니하는 바 악을 행하는도다. 만일 내가 원하지 아니하는 그것을 하면 이를 행하는 자는 내가 아니요. 내 속에 거하는 죄니라. 그러므로 내가 한 법을 깨달았노니 곧 선을 행하기 원하는 나에게 악이 함께 있는 것이로다. 내 속사람으로는 하나님의 법을 즐거워하되 내 지체 속에서 한 다른 법이 내 마음의 법과 싸워 내 지체 속에 있는 죄의 법으로 나를 사로잡는 것을 보는도다. 오호라, 나는 곤고한 사람이로다. 이 사망의 몸에서 누가 나를 건져내랴. 우리주 예수 그리스도로 말미암아 하나님께 감사하리로다. 그런즉 내 자신이 마음으로는 하나님의 법을 육신으로는 죄의 법을 섬기노라."

바울의 추론이 흘러가는 맥락과 방향은 그것이 자신의 경험이든 다른 누군가의 경험이든 간에 지금 이야기하고 있는 경우가 육신적인 마음에 대한 율법의 영향력을 구체적으로 설명하기 위하여 인용되었다는 사실을 보여준다. 이것이 바로 죄가 완전히 지배하여 순종을 향한 바울의 모든 결단을 이겨낸 경우이다.

바울이 1인칭 단수대명사를 사용하고 있다는 사실은 이것이 자신에 관하여 이야기하고 있는지 아닌지와 관련하여 아무것도 입증하지 못한다. 왜냐하면 이것은 어떤 예화를 사용할 때 바울뿐만 아니라 다른 저자들이 공통으로 아주 흔히 사용하는 표현 방법이기 때문이다. 바울은 8장에서도 계속해서 그 인칭대명사를 사용하고 있다. 초반부에 바울은 자신이나 지금 이야기하고 있는 그 사람에 대해 전혀 다른 마음 상태일 뿐만 아니라 정반대의 마음 상태라고 표현하고 있다. 만약 7장에 바울의 경험이 포함되어 있다면 8장에 등장하는 이것은 도대체 누구의 경험이란 말인가? 과연 우리는 그 두 가지를 바울의 경험이라고 이해해야 하는가? 만약 그렇다면 우리는 바울이 성화되기 전후에 겪은 자신의 경험을 처음으로 털어놓은 것으로 이해할 수 있을 것이다.

사도 바울은 다음과 같이 말하면서 8장을 시작한다. "그러므로 이제 그리스도 예수 안에 있는 자에게는 (그래서 더는 육신을 따라 살지 않고 성령과 동행하는 자에게는) 결코 정죄함이 없나니"(1절) 그러면서 "이는 그리스도 예수 안에 있는 생명의 성령의 법이 죄와 사망의 법에서 너를 해방하였음이라"(2절)고 이유를 밝히고 있다. 죄와 사망의 법이란 바울의 지체 속에 있는 법, 또는 육신의 영향력이며 그에 대해 바울은 7장에서 너무나 신랄하게 규탄하였다. 그러나 이제 바울은 이와 같은 육신의 영향력에서 벗어나졌고, 세상과 육신에 대하여 해방되어 죽은 상태를 통과하였으며, 더 나아가 "결코 정죄함이 없는" 상태로 들어가게 되었던 것으로 보인다.

그런데 자신이 처한 상태에서 아무런 정죄가 없다면 그건 분명히 바울이 죄를 저지르지 않았기 때문이거나, 만약 죄를 저질렀다면 하나님의 법이 파기되었기 때문일 것이다. 그리하여 바울의 경우에 있어서 이 법에 따른 형벌이 무효화 되었으며 그 결과로 바울이 아무런 정죄를 받지 않고서도 죄를 지을 수 있었다면, 이것은 그야말로 하나님의 법이 실제로 파기되었다는 뜻이다. 아무런 형벌이 없는 법은 더 이상 법이 아니기에, 만약 그 법이 무효화 되었다면 이젠 아무런 기준도 없어지게 되고, 그러므로 바울은 죄를 짓는 것도 아니고 거룩해지는 것도 아니다. 그러나 하나님의 법은 무효화 되었거나 무효화 될 수 있는 게 아니다. 그렇기에 그 형벌 역시 모든 죄를 정죄하지 않을 정도로 파기되지 않았으며 파기될 수도 없었다. 만약 바울이 아무런 정죄를 받지 않고 살았다면 그것은 틀림없이 죄 없이 살았기 때문일 것이다.

그러므로 우리는 로마서 7장에서 바울이 자신의 경험을 이야기하는 것처럼 진술한 말씀은 더욱 쉽게 하나님의 말씀을 목적에 맞게 설명하기 위하여 1인칭 현재시제로 이야기한 것으로 이해할 수 있다. 사도 바울의 명백한 의도는 로마서 7장과 8장 초반부에서 법과 복음의 영향력을 대비시키려는 것이었다. 로마서 7장은 죄 가운데 살아가면서 날마다 법의 정죄를 받는 동시에 자신의 타락에 대해 유죄 선고를 받을 뿐만 아니라 그것과 끊임없이 싸우기는 하지만 지속해서 죄에 패배하는 상태에 처한 사람을 묘사하고 있다. 로마서 8장은 복음의 자유를 누리는 사람을 그리고 있는데 거기서 법에서 요구하는 의가 예수 그리스도의 은혜로 그 마음에 충만해지게 되었다. 그렇기에 분명히 로마서 7장 말씀은 온전한 성화의 상태에 이른 어떤 사람에게도 적용될 수 없는 말씀이다.

나는 이미 로마서 7장에는 죄가 지배하고 있는 사람의 내력이 포함되어 있다고 설명하였다. 그런데 이제 그것이 로마서를 썼던 시기에 겪은 바울의 경험이라거나 복음의 자유를 맛보고 있는 다른 어떤 사람의 경험이라고 추정하는 것은 복음의 자유를 누려본 적이 있는 모든 사람의 경험과는 서로 어울리지 않는다. 그뿐만이 아니라 오히려 상반된다. 더 나아가 이것은 로마서 6장과도 완전히 대조적이다. 내가 이미 설명한 대로 로마서 7장은 죄의 지배를 받는 사람을 그리고 있다. 그러나 로마서 6장 14절에서는 "죄가 너희를 주장하지 못하리니 이는 너희가 법 아래에 있지 아니하고 은혜 아래에 있음이라"고 말씀한다.

만약 바울이 로마서 7장에서 자신에 관하여 이야기하는 것이라면, 정말로 자신의 경험에 대한 내력을 제시하고 있는 것이라면 그것은 이후로부터 이어지는 바울의 성화에 대하여 전혀 아무것도 입증해주지 못한다. 만약 이것이 로마서를 쓰던 당시에 바울의 경험을 이야기하는 것이었다면 그것은 이와 같은 경험 이후로 일어난 바울의 변화에 관하여 아무것도 증명하지 못할 것이다.

그렇기에 로마서 8장은 이 서신서를 쓰던 당시에 바울이 경험한 게 아니었다는 사실을 결론적으로 보여준다. 로마서 7장과 8장에 대한 성경 번역이 이루어진 이래로 계속해서 분리됐다는 사실은 내가 이미 앞서 설명한 대로 이 단락을 이해하는 데에 지금까지 숱한 잘못을 범하게 했다. 이 두 단락은 서로 다른 경험을 묘사할 뿐만 아니라 상반된 경험을 묘사하려고 의도되었다는 사실보다 더 확실한 것은 아무것도 없다. 이러한 경험이 둘 다 동시에 같은 사람에게 속할 수 있다는 것은 명백하게 불가능하다. 그러므로 만약 바울이 이와 같은 문맥에서 자신의 경험을 이야기하고 있는 것이라면 7장은 바울이 로마서를 쓰던 당시 이전에 경험했던 것을 묘사한 내용이라고밖에 이해할 수 없다.

자, 만약 로마서 7장을 어떤 그리스도인의 경험을 묘사하는 것으로 이해한다면 그것은 매우 불완전한 상태에 있는 어떤 경험을 묘사한 것이다. 반면에 로마서 8장은 온전한 성화의 상태에 있는 한 영혼을 묘사한 것이다. 그러므로 바울이 자신에 관하여 이야기하고 있다고 가정하더라도, 오히려 로마서는 바울이 온전한 성화에 도달했다는 사실을 가로막는 것이 아니라 실제로 바울이 그와 같은 온전한 성화의 상태에 있었다는 사실을 충분히 입증해준다.

넷째, "내가 그리스도와 그 부활의 권능과 그 고난에 참여함을 알고자 하여 그의 죽으심을 본받아 어떻게 해서든지 죽은 자 가운데서 부활에 이르려 하노니 내가 이미 얻었다 함도 아니요 온전히 이루었다 함도 아니라 오직 내가 그리스도 예수께 잡힌 바 된 그것을 잡으려고 달려가노라. 형제들아 나는 아직 내가 잡은 줄로 여기지 아니하고 오직 한 일 즉 뒤에 있는 것은 잊어버리고 앞에 있는 것을 잡으려고 푯대를 향하여 그리스도 예수 안에서 하나님이 위에서 부르신 부름의 상을 위하여 달려가노라. 그러므로 누구든지 우리 온전히 이룬 자들은 이렇게 생각할지니 만일 어떤 일에 너희가 달리 생각하면 하나님이 이것도 너희에게 나타내시리라"(빌 3:10-15). 여기에는 사람들이 상을 받기 위하여 열심히 목표지점을 향하여 달려가는 올림픽 경기에 대한 명료한 비유가 들어 있다. 거기서는 아무리 잘 달려도 결승점까지 도달하지 않으면 상을 받지 못한다.

사도 바울은 여기서 두 가지 종류의 완전을 이야기한다. 하나는 바울이 도달했다고 주장하는 것이고, 다른 하나는 아직 도달하지 못했다고 주장하는 것이다. 바울이 아직 도달하지 못했다는 완전은 경주의 결승점에 다다를 때까지 기대하지 않았던 완전으로, 바울이 죽음에서 부활하는 지점에 이를 때까지 기대하지 않았다. 그때에 이르기까지 바울은 스스로 완전하다고 기대하지 않았다. 여기서 우리는 바울이 도달하지 못했던 완전은 영광스러운 상태, 즉 영화의 상태였음을 분명히 알 수 있다. 그것은 바울이 계속해서 열심히 애쓰고 있던 완전이었다.

그러나 15절에서 바울은 자신이 도달했다고 고백하는 또 다른 완전에 관하여 이야기한다. "그러므로 누구든지 우리 온전히 이룬 자들은 이렇게 생각할지니." 곧 그것은 우리에게 "어떻게 해서든지 죽은 자 가운데서 부활에 이르려 하노니 내가 이미 얻었다 함도 아니요 온전히 이루었다 함도 아니라"고 고백하는 이와 같은 고차원적인 완전의 상태에 도달하려고 열심히 애쓰게 만든다. 이처럼 올림픽 경기에 대한 비유는 이 단락을 해석하면서 지속해서 명심해야 한다. 달음박질을 끝낸 사람들에게 주는 상은 면류관이다. 이것은 단지 결승 지점에 도달해야만 받는 상이다.

그러나 "경기하는 자가 법대로 경기하지 아니하면 승리자의 관을 얻지 못할 것이다"(딤후 2:5). 다시 말해 반드시 규정에 따라야 한다는 것이다. 바울은 "푯대를 향하여 그리스도 예수 안에서 하나님이 위에서 부르신 부름의 상을 위하여 달려가고" 있었다. 어떤 사람들이 생각하는 것처럼 그건 단지 온전한 성화를 위해서라기보다는 영광의 면류관을 얻기 위해서였다. "형제들아 나는 아직 내가 잡은 줄로 여기지 아니하고 오직 한 일 즉 뒤에 있는 것은 잊어버리고 앞에 있는 것을 잡으려고." 바울은 경주를 다 마칠 때까지 이와 같은 면류관을 받으리라고 기대하지 않았다. 바울은 완전한 사람들에게 권고하고 있다. 다시 말해 법대로 규정에 따라서 달리고 있는 사람들에게 이미 한 일, 곧 뒤에 있는 것은 잊어버리고 푯대를 향하여, 목표를 향하여, 상을 향하여, 영광의 면류관을 향하여 열심히 달려가라고 권면하고 있다. 그것은 바울의 경주를 지켜보고 계시는 의로운 재판장이신 우리 주님이 바로 그날에 모든 승리자에게 상급으로 주실 것이다.

이 말씀에서 바울은 자신이 죄 가운데 살아왔다고 말하는 게 아니라 그와는 정반대로 말하고 있다. 여러 다른 곳에서 이야기한 것과 마찬가지로 바울은 죄와 관련하여 아무 흠 없이 살았다고 진심으로 고백하였으며 더 높은 단계에 도달하고 싶다는 열망을 품고 있었다. 그리고 영원한 영광에 미치지 못하는 어떤 것에도 만족하지 못했다고 진심으로 고백하고 있다.

바울 성품이 그가 온전한 성화에
이르렀다는 증거이다

　　　　마지막으로 바울의 성품과 관련하여 몇 가지를 덧붙이
고자 한다.

첫째, 만약 죄 없이 살지 않았다면 바울은 아주 터무니없는 허풍
쟁이일 것이다. 오늘날 어떤 목회자가 그런 표현을 사용했다면 정말
터무니없는 허풍쟁이의 말을 입에 담는 것으로 여겼을 것이다.

둘째, 만약 바울이 온전한 성화의 상태에 도달해 있지 않았다면
아무런 주의나 자격조건을 제시하지도 않고, 그렇게 자주 철저히 자
신을 본보기로 제시한 것은 교회의 이해관계에 있어서 굉장히 위험
스러운 일이었다. 그것은 매우 위험스러운 만큼이나 사악한 짓이다.

셋째, 자기의 삶과 마음에 아무런 흠이 없다고 하나님께 호소하
는 과정에서 만약 바울이 온전한 성화의 상태에 이르지 않았다면 그
것은 불경하고 신성모독적인 일이었을 것이다.

넷째, 바울이 이와 같은 상태에 도달했다는 사실에 대해 의구심
을 품을 만한 아무런 이유도 없다. 그러므로 바울이 온전한 성화의
축복에 도달하지 못했다고 주장하는 것은 하나님을 욕되게 하는 짓
이다. 사도가 된 이후로 어느 곳에서도 죄를 고백하지 않았지만 오히
려 바울은 마음과 삶에서 자신의 온전한 진실성과 흠 없음에 대하여
하나님과 사람들에게 호소함으로써 자신을 한결같이 정당화했다.

다섯째, 이러한 상황 속에서 아무런 증거도 없이 죄에 대해 자신을 비난하는 것은 바울 자신에게 굉장히 해로울 뿐만 아니라 신앙적인 명분을 위해서도 불명예스러운 짓이다.

여섯째, 아무런 흠도 없이 살아왔다고 주장하면서도 죄에 대해 자신을 비난하는 것은 허위나 그릇된 생각으로 자신을 비난하는 짓이다. 또한 바울의 죄성을 주장하는 것은 복음의 은혜를 부인하는 동시에 하나님을 비난하는 그릇된 것이다.

위에서 살펴본 성경 말씀은 내가 생각하기에 온전한 성화의 교리를 반대하는 사람들이 가장 강조하는 원칙적인 말씀들이다. 이에 관해서 나는 다음 장에서 꼭 한 번은 집고 넘어가야 하는 온전한 성화에 관한 반론에 대해 주의 깊게 살펴볼 것이다. 나는 온전한 성화의 교리에 반대하는 사람들의 반론에 대해서 하나님의 말씀에 비추어서 이생에서 온전한 성화에 이를 수 있다는 증거를 논증해보일 것이다.

"우리가 너희 믿는 자들을 향하여 어떻게 거룩하고 옳고 흠 없이 행하였는지에 대하여 너희가 증인이요 하나님도 그러하시도다"(살전 2:10). 여기서 바울은 절대적으로 자신의 거룩함을 주장한다. 이 표현은 아주 강력한 것이다. 바울은 자신이 말한 게 진실하다는 것을 친히 자신의 마음을 감찰하시는 하나님과 지금까지 자신을 지켜본 사람들에게 호소하고 있다. 바울은 자신이 지금까지 거룩하고 옳고 흠 없이 행하였다는 사실을 증언해달라고 하나님과 사람들에게 요청하고 있다.

"믿음이 없이는 하나님을 기쁘시게 하지 못하나니 하나님께 나아가는 자는 반드시 그가 계신 것과
또한 그가 자기를 찾는 자들에게 상 주시는 이심을 믿어야 할지니라"(히 11:6).

영광을 위해
죽을만큼
거룩하라

이번 장에서는 우리가 꼭 짚고 넘어가야 할 온전한 성화에 관한 진지한 반론에 관하여 얘기를 나누고자 한다. 이 반론을 논의하는 과정에서 우리는 다시 한번 이생에서 온전한 성화에 이를 수 있다는 확신을 얻게 될 것이다.

우리 양심이 온전한 성화에 도달했다는 것을 증거한다

어떤 사람은 반박하기를, 설령 우리가 이와 같은 온전하고 지속적인 성별이나 성화의 상태에 도달했다고 하더라도 우리는 심판의 날까지 그것을 제대로 알 수 없다고 주장한다. 또한 아무도 거기에 도달했는지 아닌지를 알 수 없기에 거기에 도달할 수 있다고 주장하는 것은 터무니없다고 말한다. 이에 대한 나의 답변은 이것이다.

첫째, 인간의 양심은 현재 자신의 마음 상태를 보여주는 최고의 증거이다. 나는 자신의 상태를 마음으로 인식하는 것이 바로 양심이라고 생각한다. 또한 우리 안에서 일어나는 일에 관하여 우리 마음을 보여주는 최고의 가능한 증거가 바로 양심이라고 이해한다. 물론 양심은 단지 현재 우리의 성화에 대해서만 증거할 수 있지만 우리 앞에 있는 기준으로서 하나님의 법과 더불어 최고의 기준이다. 그렇기에 우리가 그 기준에 순응하는지 아닌지와 관련하여 양심의 증언은 우리의 상태를 알려주는 최고의 증거가 된다.

양심은 우리의 존재를 의심할 수 없는 것과 마찬가지로 이제 더는 의심할 수 없는 증언이다. 우리는 자신이 존재한다는 것을 도대체 어떻게 알 수 있는가? 나는 우리의 양심을 통해서 알 수 있다고 생각한다. 내가 숨 쉬고, 사랑하거나 싫어하고, 앉거나 서고, 눕거나 일어나는 것을 도대체 어떻게 알 수 있는가? 또한 기쁘거나 슬프다는 것을, 다시 말해 어떤 마음의 감정이나 반감이나 애정이 작용한다는 사실을 도대체 어떻게 알 수 있는가? 내가 죄를 짓거나 회개하거나 믿는다는 것을 도대체 어떻게 알 수 있단 말인가? 우리는 자신의 양심을 통해서 알 수 있다. 다른 어떤 증언도 이보다 직접적인 설득력을 보여줄 수는 없다.

우리는 자신의 회개가 진실한 것인지 알기 위해서는 진정한 회개란 무엇인가를 지적으로 먼저 알아야 한다. 그러니까 만약 하나님이나 사람에 대한 나의 사랑, 또는 하나님의 법에 대한 순종이 진실한 것인지 아닌지를 알려고 한다면 우리는 그 법에 담긴 참된 정신, 의미, 취지를 명확히 이해해야 한다. 우리는 이러한 규칙을 자신의 마음보다 앞서게 함으로써 현재 자신의 마음 상태가 그 규칙에 순응하는지를 가장 직접적이고 설득력 있는 증거를 자신의 양심이 제공하게 될 것이다.

하나님의 성령은 결코 우리의 양심에서 가르치는 바를 입증하려고 나서지는 않으실 것이다. 하지만 우리가 하나님의 어떤 법에 자기 삶을 순응하려고 한다면 기꺼이 강렬한 빛을 비추려고 하실 것이다. 우리에게 그 진리를 이해하게 하고 그 진리를 사랑하며 순종하도록 권유하는 것은 성령의 일이다. 그리고 우리가 이해한 진리를 순종할지 말지에 대해 자신의 마음에다 입증하는 것은 양심의 일이다.

어떤 사람이 하나님의 법이나 진리를 정확하게 알지 못하여 실수할 수 있다. 그리고 자기 성품을 드러내는 데서도 실수할 수 있다. 그러나 하나님이 우리 마음에 진리를 제시하여 그분의 성품을 이해하는 동시에 어떤 법에 대해서도 이해할 수 있도록 하신다면, 그와 같은 진리의 관점에서 우리 양심을 스스로 작동시키는 것은 거기에 순종하는지를 직접 확인할 수 있는 최고 증거이다.

만약 어떤 사람이 자기의 성품을 스스로 표출시키는 것에 관하여 제대로 의식할 수 없다면 도대체 그 사람이 언제, 어떻게, 무엇을 회개해야 하는지 알 수 있겠는가? 만약 그 사람이 의식하지도 못하는 죄를 저질러 왔다면 도대체 어떻게 그 사람이 회개하겠는가? 그리고 만약 그 사람이 자기도 잘 모르는 거룩함을 간직하고 있다면 도대체 어떻게 하나님과 평화를 누리고 있다고 느낄 수 있단 말인가?

어떤 사람은 하나님의 법을 제대로 알지 못해서 어떤 죄를 저지를 수 있다. 그래서 결과적으로 자신이 무슨 죄를 저질렀다는 양심의 가책을 전혀 느끼지 못할 수도 있다. 그러나 하나님의 법에 대한 지식으로 나중에 죄의식을 느끼게 될 수도 있다. 하지만 문제가 되는 일이 잘못이라는 사실에 대한 지식이 전혀 없었다면 그 일을 저지르는 것은 죄가 아니다. 왜냐하면 옳고 그른 것에 대한 어느 정도의 지식은 어떤 행위에 대한 도덕적인 성격을 결정하는 데 있어서 없어서는 안 되는 부분이기 때문이다. 그러한 경우에 따른 결과로 이루어지는 모든 행위에 대해 유죄에 포함될 수 있는 것은 죄에 대한 무지뿐이다. 그러나 그렇게 비난할 만한 부분은 무지 자체에 있는 것이지, 우리의 마음에서 그 당시에는 전혀 알지 못했던 어떤 법을 어겼다는 사실이 결코 아니다.

성경은 곳곳에서 우리 마음이 어떤 도덕적인 상태에 놓여 있는지에 관하여 우리가 충분히 알 수 있으며 무조건 알아야 한다고 요구한다. 성경은 우리에게 자신을 세밀하게 살펴보고 자신의 자아를 알아서 입증해 보이라고 명령한다. 그런데 어떻게 이런 일이 이루어질 수 있을까? 그것은 오직 우리 마음을 하나님의 빛 가운데로 가져와 우리가 그 법에 순응하는지를 자신의 양심에 비추어서 가능해진다.

그러나 만약 우리가 자신의 성화와 관련하여 양심의 증거를 받아들이지 않는다면 우리의 회개나 마음의 어떤 다른 활동에 대하여 우리가 그것을 순순히 받아들이겠는가? 맞다. 사실은 우리가 올바른 기준과 자신을 비교하길 게을리함으로써 자신을 속일 수도 있다. 그러나 기준에 대한 우리의 관점이 올바르고 우리 양심이 우리 마음에서 단호하고 명확한 상태라고 느껴진다면 우리는 언제든지 자신의 양심을 속이는 그런 죄는 저지르지 않을 것이다.

둘째, 우리의 양심은 우리 마음의 능력과 역량이 어느 정도인지 가르쳐주지 않는다. 그러므로 만약 양심이 우리 안에서 어떤 종류의 활동이 이루어지는지 우리에게 가르쳐줄 수 있더라도, 그것이 우리 마음의 현재 능력과 같은지 아닌지는 우리에게 정확히 가르쳐줄 수 없다. 그러나 우리가 하나님을 얼마나 사랑하는지, 또는 전혀 사랑하지 않는지는 우리의 양심이 명백하게 입증해준다. 또한 온 마음을 다하여 회개하거나 사랑한다는 사실도 양심을 통해서 보여준다. 이것이 바로 그 사람이 하나님의 법에 순응하는지를 알 수 있는 유일한 방법이다.

하지만 어떤 사람들은 이와 같은 사실에 반론을 제기한다. 하나님은 우리가 그분에게 순종하는지 아닌지 알아내는 어떤 가능한 수

단도 우리의 능력 안에 두지 않으셨다는 것이다. 성경에서는 어떤 사람이 하나님에게 순종하는지 아닌지에 관한 사실을 그 사람에게 직접 계시하지 않는다. 성경은 그 사람의 의무는 계시하지만 그 사람이 순종하는지에 관한 사실은 계시하지 않는다. 성경은 이와 같은 증거를 그의 양심에 의지할 뿐이다. 하나님의 성령은 우리에게 우리의 의무를 제시하기는 하지만 우리가 그걸 실행하는지 아닌지를 직접 계시하시지는 않는다. 왜냐하면 이것은 모든 사람이 끊임없이 한결같은 영감 아래 있다는 사실을 드러낸다는 의미이기 때문이다.

그러나 어떤 사람들에 따르면 성경에서는 우리가 올바른 마음 상태에 있는지 아닌지에 대한 증거로서 우리가 순종하는지 불순종하는지를 어느 한쪽으로 우리의 관심을 이끈다고 말한다. 그러나 나는 이렇게 묻고 싶다. 우리가 순종하는지 불순종하는지를 도대체 어떻게 안단 말인가? 우리가 자기 양심을 통하지 않고서는 도대체 어떻게 우리의 행실에 관하여 조금이라도 알 수 있단 말인가? 다른 사람들에게 관찰된 우리의 행실은 그 사람들에게 드러나는 우리의 마음 상태에 대한 증거이다. 그렇기에 다시 한번 강조하지만 하나님께 순종하는지를 보여주는 우리 양심은 우리의 참된 성품에 대한 최고의 증거이자, 사실상 유일한 증거이다.

만약 어떤 사람의 양심이 자신에게 유리하든 불리하든 간에 아무런 증거가 되지 못한다면 하나님이 마지막 날 그 사람을 심판하는 과정에서 그 사람은 온 우주에 존재하는 다른 어떤 증거에 대해서도 결코 만족할 수 없을 것이다. 비록 어떤 사람이 살인을 저질렀다는 사실에 대해 수만 명의 증인이 증언한다고 할지라도 그 자신의 양심이 그와 같은 사실에 대해서 올바로 증거하지 않는다면 여전히 그 사람은 아무런 죄책감을 느끼지도 못할 것이다. 다른 한편으로 그 사람이 어떤 선한 행실을 보여주었다고 수만 명의 증인이 증언한다고 할지라도 그 자신의 양심이 그와 같은 사실에 대해서 충분히 증거하지 않는다면 여전히 그 사람은 아무런 자기만족이 없거나, 자기 칭찬과 미덕에 대해 제대로 의식하지 못할 것이다.

그의 양심에서 증거하는 바와는 대조적으로 어떤 사람의 유죄나 무죄에 대해 여러 증인이 증언하는 경우가 종종 있다. 그런 모든 경우에 바로 그 자신의 존재법칙으로부터 그 사람은 온갖 다른 증거를 거부하게 된다. 또한 결과적으로 그 사람은 하나님의 증거마저도 거부하게 된다. 그러니까 만약 그것이 자신의 양심과 상충한다면 그 사람은 자신의 존재법칙에 따라 당연히 그것마저도 거부할 수밖에 없게 된다.

하나님이 죄를 저지른 사람을 깨우치실 때 그건 그 사람의 양심과 어긋나는 방법이 아니다. 오히려 하나님은 그 당시에 그 사람의 양심을 자신의 기억이라는 강력하고 분명한 빛 가운데 놓아두셔서 그 사람이 자신에게 어떤 빛, 어떤 생각, 어떤 자각이 있는지 명확하게 보고 또렷이 기억하게 하신다. 다시 말해 그 당시에 그 사람이 어떤 앙심을 품고 있었는지 명확하게 보고 또렷이 기억하게 하신다.

그런데 이것은 하나님의 성령이 어떤 사람에게 죄를 깨우치게 하여 자신을 정죄하도록 인도하시는 유일한 방법이다.

이제 하나님이 어떤 사람의 심기를 불편하게 만드는 증거를 제시한다고 가정해보자. 그 사람이 어떤 특정한 시간에, 어떤 죄를 저질렀는데 이런저런 환경이 그 상황과 관련되어 있었다. 그런데 이와 동시에 그 사람이 이와 같은 상황을 전혀 기억할 수 없으며 그런 일에 대하여 전혀 양심의 가책도 느끼지 못한다고 가정해보자.

이 경우에 대한 하나님의 증언은 그 사람의 마음을 만족시킬 수 없거나 자기 정죄의 상태로 그 사람을 인도할 수 없다. 이와 같은 마음 상태를 설득할 만한 유일한 방법은 과거의 양심에 대한 기억을 불러일으키도록 하는 것이며 그 사람이 마음의 눈을 떠서 모든 광경을 살아 있는 현실로 받아들일 수 있도록 하는 것이다. 비록 그 당시에는 자신의 양심이 그냥 지나쳐 버렸지만 말이다. 그러나 만약 그 사람이 그러한 일에 대해 아무런 양심도 느끼지 못한다면 결과적으로 그에 대한 어떤 기억도 다시 불러일으킬 수 없을 것이다. 그 사람이 죄에 대해서 자연스럽게 깨우치는 일은 영원히 불가능해질 것이다.

셋째, 사람들은 우리 양심의 존재를 그냥 모른 체 할 수도 있다. 또한 의무규정에 대해서도 실수를 저지를 수 있다. 사람들은 단순히 부정적인 마음 상태와 양심을 혼동하거나 인간이 진리에 반하는 상태를 의식하지 못하는 상태와 양심을 혼동할 수도 있다. 그러나 우리 마음과 관련하여 양심이 우리 내면에서 일어나는 일에 대해 가능한 최고의 증거가 되어야 한다는 사실은 영원한 진리이다.

그리고 만약 어떤 사람이 여러 가지 환경 아래서 자신이 할 수 있는 최선을 다하고 있는지, 오직 하나님의 영광에만 시선을 고정하고 있는지, 그리고 하나님께 온전한 성별의 상태로 자신을 드리고 있는지를 자신의 양심을 통하여 알지 못한다면 그 사람은 어떤 방식으로도 그 사실을 알 수 없을 것이다. 그리고 하나님에 대해서든 사람에 대해서든 그게 무엇이든지 간에 그 사람의 존재법칙에 따라서 어떤 증거도 그 사람을 만족시킬 수 없을 것이다.

그러므로 양심은 성화된 사람들에게 그와 같은 상태에 있다고 증거한다. 아무리 성경이나 하나님의 성령이라도 각 사람의 이름을 불러가면서 어떤 새로운 계시나 특별한 계시를 내놓지는 않는다. 그러나 하나님의 성령은 그 사람들에게 강력한 빛으로 규칙을 제시함으로써 각 사람의 영에 증거를 보여주신다. 하나님의 성령은 그와 같은 규칙에 순응하고 있다고 양심이 선포하게 만드는 그런 마음 상태를 불러일으키신다. 이러한 양심 상태는 어떠한 경우라도 하나님의 판단을 없애버리지 않는다. 왜냐하면 이러한 상황에서 양심은 하나님의 증거인 동시에, 한편으로는 하나님이 죄를 일깨우면서 다른 한편으로는 온전한 성별을 자각하게 만드는 방식이기 때문이다.

믿음의 세기에 비례해서
온전한 성화를 확신할 수 있다

어떤 사람은 만약 우리가 이생에서 온전한 성화의 상
태에 도달했다면 이제 더는 어떤 시련도 겪지 않을 것이라고 반론을
제기한다. 이에 대한 나의 대답은 이것이다. 아담의 타락 이래로 시
련은, 또는 우리가 시련이나 시험 상태에 있는 그러한 시점은 첫째,
우리가 회개하고 복음을 믿을 것인지 아닌지에 관한 문제이며, 둘
째, 우리가 생의 마지막까지 거룩함 가운데 끈기 있게 인내할 것인
지 아닌지에 관한 문제라고 말이다.

어떤 사람은 생각하기를 성도의 견인(성도의 견인이란 하나님의
택하심을 입고, 부르심을 받아 그리스도와 연합되고, 칭의와 중생의
은혜를 입어 성령이 내주하시는 성도들은 은혜의 자리에서 전적으
로 또는 최종적으로 떨어지지 않고 궁극적으로 구원을 얻게 된다는
교리-역자 주)이라는 교리가 회심 이후에도 얼마든지 유예 상태를
지나게 된다는 개념을 완전히 몰아낸다는 것이다. 그 사람들은 이런
식으로 추론한다. 만약 성도들이 견인된다는 게 확실하다면 그 사
람들의 유예 상태도 끝나게 된다. 왜냐하면 그 문제는 이미 해결되었
기 때문이다. 곧 그 사람들은 회심할 뿐만 아니라 끝까지 견인될 것
이라고 주장한다. 그러니까 성도의 견인과 관련하여 우연성은 유예
상태라는 개념에 없어서는 안 되는 요소라는 것이다. 이에 관한 나

의 대답은 이것이다.

하나님에게는 절대로 그럴 리가 없는 어떤 일이 사람에게는 우연히 일어날 수도 있다. 하나님에게는 어떤 존재의 최종 운명과 관련하여 조금이라도 우연성이 없다. 그러나 사람에게는 거의 모든 일이 우연성을 기초하여 일어난다. 하나님은 어떤 사람이 회심할 것인지, 그 사람이 끝까지 견인될 것인지 아닌지를 절대적으로 확실하게 알고 계신다. 어떤 사람이 자신의 회심 사실을 알 수 있으며 하나님의 은혜로 자신이 끝까지 견인될 것이라고 믿을 수도 있을 것이다. 그 사람은 자기 믿음의 세기에 비례하여 이에 대한 확신을 가질 수 있다. 그러나 이와 같은 사실을 안다고 해서 죽는 날까지 유예 상태에 계속해서 놓여 있게 된다는 개념과 전혀 다르다는 것은 아니다. 그 사람의 견인은 자신의 의식적인 행위를 전개하는 정도에 따라 달라지기 때문이다.

그와 같은 방식으로 어떤 사람은 말하기를 만약 우리가 온전하고 영속적인 성화의 상태에 도달했다면 우리는 이제 더는 유예 상태에 있을 수 없다고 한다. 마치 최종적인 성도의 견인이 그런 것처럼 여기서 말하는 견인은 하나님의 약속과 은혜에 달려 있다고 나는 확신한다. 어떤 경우든지 간에 우리는 자신의 견인에 대하여 하나님의 약속과 은혜를 믿는 믿음의 확신을 넘어서는 다른 어떤 확신도 가질 수 없다.

예수 그리스도께서 이 땅에 다시 오실 때까지 하나님이 우리를 아무 흠 없이 지켜주실 것이라는 하나님의 증언을 믿는 믿음으로 인한 지식 이외에는 우리가 이와 같은 상태를 지속할 수 있을 것이라는 다른 어떤 지식도 가질 수 없다. 만약 이것이 우리의 유예 상태와 모순된다면 도대체 왜 성도의 견인이라는 교리도 그와 같은 상태와 모순되지 않는지 나로서는 이해할 수가 없다. 만약 어떤 사람이 최종적인 견인과 관련하여 우리가 어떤 판단이나 믿음을 갖는 것은 유예 상태와 조화되지 않는다고 주장하는 경향을 보인다면 내가 말할 수 있는 전부는 유예에 대한 그 사람의 관점이 나 자신의 관점과는 아주 다르며, 내가 이해하는 한 하나님의 교회가 견지하는 관점과도 상당히 다르다는 것이다.

모든 존재가 영원무궁토록 유예 상태 가운데 남아 있으리라는 것은 매우 고상하면서도 중요한 의미가 있다. 하나님의 도덕적인 통치 아래서 순종은 영원히 하나님의 은총을 얻기 위한 조건으로 남아 있음이 분명하다. 그리하여 지속적인 순종에 관한 사실은 영원히 하나님의 신실하심과 은혜에 따라 달라질 것이다. 또한 하늘에서든 이 땅에서든 간에 우리가 이 사실에 관하여 가질 수 있는 유일한 지식은 하나님의 신실하심과 진리에 기초하고 있음이 분명하다.

만약 이생에서 온전한 성화의 상태에 들어가는 것이 어떤 의미에서 우리 유예 상태의 끝이라고 한다면 결과적으로 이 교리에 대하여 아무런 반대도 없을 것이다. 왜냐하면 거기에는 흔히 유예 상태는 이생을 종결짓기 오래전에 끝난다는 의미가 담겨 있기 때문이다.

예를 들어 어떤 사람이 용서할 수 없는 죄를 저지른 곳이나, 어떤 이유로 하나님이 그 불법행위의 분량이 차기까지 죄인들을 그냥 내버려 둔 곳에서 그 죄인들로부터 하나님의 성령을 영원히 거두어들이는 동시에, 영원한 죽음으로 그 사람들을 인치는 것은 매우 중요한 의미를 담고 있다. 이것은 그 사람들의 유예 상태가 끝났다는 뜻이며, 마치 이미 지옥에 떨어져 있는 것이나 마찬가지로 확실하게 지옥에 속하게 된다는 뜻이기 때문이다.

하지만 어떤 사람이 자기 소명에 대한 증거로서 구속의 날까지 성령의 인치심을 받았다면 그 사람은 자신의 최종적인 견인과 구원에 관하여 하나님 편에서 엄숙히 서약한다는 뜻이다. 그리고 이제 더는 자신의 최종적인 운명에 관한 문제를 마지막까지 미심쩍은 상태로 남겨두지 않겠다는 뜻이다. 그렇기에 어떤 경우든지 간에 결과는 그 사람이 하나님의 말씀에 순종하여 행하느냐에 달려 있다는 사실을 반드시 기억해야 한다.

이생에서의 온전한 성화는
각 개인의 믿음에 달렸다

어떤 사람은 이생에서 온전한 성화에 도달할 수 있다고 인정하기는 하지만 어떤 사람이 죽기 전에 확실히 그런 상태에 도달할 수 있다는 점에 대해서는 부인한다. 왜냐하면 그 사람들은 주장하기를 온전한 성화에 대한 모든 약속은 믿음을 전제 조건으로 삼고 있으므로, 그런 약속들이 아무에게도 온전한 성화를 확실히 보장해 주지는 않기 때문이라고 말한다. 이에 관한 나의 대답은 이것이다.

성경에서 구원에 관한 모든 약속은 믿음과 회개를 전제 조건으로 삼고 있다. 그러므로 어떤 사람이 구원받을 것인지에 대해서는 이와 같은 원리를 따르지 않는다. 그렇다면 이 모든 논증은 도대체 무엇을 입증해주는가? 구원과 성화 둘 다에 대한 약속들은 각 개인을 중요시하여 믿음을 전제 조건으로 삼지만, 내가 이미 앞서 보여준 대로 한 몸으로서 그리스도와 교회에 대해서 이러한 약속들은 무조건적이라는 것이다.

죄인의 구원과 관련하여 그리스도에게는 그분을 섬길 씨앗이 생겨날 것이라고 약속되어 있으며, 그리스도와 교회에 대해서는 전체를 중요시하여 수많은 무리의 죄인을 구원하는 것과 관련해서 아무런 조건 없이 확실히 보장하는 약속이 성경에는 가득하다. 그러니까 이 세상 역사의 어떤 시기에 있는 한 몸으로서 교회가 온전히 성화될 것이라는 약속은 교회 전체를 중요시하므로 무조건적이다.

그러나 내가 이미 앞서 보여준 대로 이러한 약속의 성취는 각 개인을 중요시함으로써 어떻게 믿음을 발휘하느냐에 따라 달라지는 것임이 틀림없다. 죄인의 구원과 그리스도인의 성화 둘 다에서 하나님은 그분이 약속하신 정도에 따라 전자의 구원과 후자의 성화를 가겨오겠다고 풍성하게 서약하고 계신다. 그러나 개인을 중요시할 때 누구도 각 조건을 만족시키지 못하면서 이러한 약속의 성취를 주장할 수 없다. 그러므로 우리는 하나님이 약속하신 것을 성취하기 위하여 스스로 삼가 조심해야 하며 온전한 성화를 위하여 하나님의 약속과 우리의 행함에 관한 관계를 온전히 터득해야 한다. 우리가 하나님을 많이 알수록 하나님의 은혜도 더욱 커지게 된다.

지금까지 앞에서 다룬 몇 가지 내용이 온전한 성화에 반대하는 사람들의 주요한 반론이었다. 내가 앞으로 언급할 기회가 또 있을지는 모르지만 이보다 더 중요한, 또는 덜 그럴듯한 다른 반론이 있을 수도 있으며, 분명히 많이 있을 것이다.

앞장에서 우리는 이생에서 온전한 성화에 이를 수 있다는 데 대한 주요한 반론에 대해 알아보았다. 이제 한 단계 더 나아가 우리가 언제 온전한 성화에 도달할 수 있는지 알아보려고 한다. 다음에서 소개하는 여러 구절에서 살펴볼 수 있는 것처럼 온전한 성화의 축복은 구약과 신약성경에서 그리스도인에게 충분히 약속된 진리이다.

"여호와의 말씀이니라. 보라. 날이 이르리니 내가 이스라엘 집과 유다 집에 새 언약을 맺으리라. 이 언약은 내가 그들의 조상들의 손을 잡고 애굽 땅에서 인도하여 내던 날에 맺은 것과 같지 아니할 것은 내가 그들의 남편이 되었어도 그들이 내 언약을 깨뜨렸음이라. 여호와의 말씀이니라. 그러나 그날 후에 내가 이스라엘 집과 맺을 언약은 이러하니 곧 내가 나의 법을 그들의 속에 두며 그들의 마음에 기록하여 나는 그들의 하나님이 되고 그들은 내 백성이 될 것이라. 여호와의 말씀이니라. 그들이 다시는 각기 이웃과 형제를 가리켜 이르기를 너는 여호와를 알라 하지 아니하리니 이는 작은 자로부터 큰 자까지 다 나를 알기 때문이라. 내가 그들의 악행을 사하고 다시는 그 죄를 기억하지 아니하리라. 여호와의 말씀이니라"(렘 31:31-34).

"맑은 물을 너희에게 뿌려서 너희로 정결하게 하되 곧 너희 모든 더러운 것에서와 모든 우상 숭배에서 너희를 정결하게 할 것이며 또 새 영을 너희 속에 두고 새 마음을 너희에게 주되 너희 육신에서 굳은 마음을 제거하고 부드러운 마음을 줄 것이며 또 내 영을 너희 속에 두어 너희로 내 율례를 행하게 하리니 너희가 내 규례를 지켜 행할지라"(겔 36:25-27).

"평강의 하나님이 친히 너희를 온전히 거룩하게 하시고 또 너희의 온 영과 혼과 몸이 우리 주 예수 그리스도께서 강림하실 때에 흠 없게 보전되기를 원하노라. 너희를 부르시는 이는 미쁘시니 그가 또한 이루시리라"(살전 5:23-24).

"그 안에서 너희도 진리의 말씀 곧 너희의 구원의 복음을 듣고 그 안에서 또한 믿어 약속의 성령으로 인치심을 받았으니 이는 우리 기업의 보증이 되사 그 얻으신 것을 속량하시고 그의 영광을 찬송하게 하려 하심이라"(엡 1:13-14).

이러한 말씀과 또 다른 수많은 말씀은 어느 정도의 신앙을 가진 성도들에게, 다시 말해 중생한 성도들에게 이루어지는 약속이라는 사실을 보여준다. 특히 마지막 구절은 우리가 먼저 믿은 이후에 약속의 성령으로 인치심을 받았다는 사실을 강조한다.

하나님의 모든 약속은
반드시 성취된다고 믿을 때

믿음은 항상 그러한 약속의 명시적이거나 암시적인 조건이다. 다른 유사한 약속들과 더불어 예레미야 31장에 등장하는 약속들은, 그것이 어떤 것이든지 간에 아무런 조건이 없다는 의미에서 지금까지 무조건적이라고 여겨져 왔다. 이에 대하여 나는 이렇게 증거하고자 한다. 곧 그 말씀에서 약속하는 것은 믿음으로 말미암지 않고서는 받을 가능성이 거의 없는 그와 같은 성격을 띠고 있다고 말이다. 사랑의 법은 오직 사랑으로 역사하는 믿음을 통하지 않고서는 우리 마음에 새겨질 가능성이 거의 없다. 그러므로 영적인 축복에 관한 다른 모든 약속뿐만 아니라 이 약속은 필연적으로 우리의 믿음을 전제조건으로 삼는다.

우리 마음에 법을 새긴다는 약속은 그 성취에 본질적인 모든 것을 행해야 한다는 의미를 내포하고 있다. 그러므로 사랑을 낳게 만드는 약속은 실제로 그와 같은 목적에 필요한 수단을 올바로 사용하는 것을 확실히 보장하는 약속이다. 사도 바울이 배에 타고 있는 어떤 사람의 머리카락 하나도 땅에 떨어져 상하지 않는다고 선포했을 때 이것은 배 위에 있는 선원들에게, 반드시 바울의 말을 믿고 요동치는 배에 여전히 남아 있어야 한다는 조건을 담고 있다. 왜냐하면 바울이 나중에 이렇게 말했기 때문이다. "이 사람들이 배에 있지 아니하면 너희가 구원을 얻지 못하리라"(행 27:31).

자, 이제 매우 중요한 의미에서 "이것이 너희의 구원을 위하는 것이요 너희 중 머리카락 하나도 잃을 자가 없으리라"(행 27:34)는 약속에는 하나님이 선원들을 구원하시기 위하여 꼭 필요한 수단을 반드시 쓰시겠다는 의미가 담겨 있다. 그런데 도대체 누가 여기서 이 약속은 여전히 배 위에 남아 있는 선원들에게 아무런 조건도 내걸지 않았다고 추론할 수 있겠는가? 그러므로 새로운 마음과 새로운 영을 창조하겠다는 약속, 이스라엘의 집과 새로운 언약을 맺겠다는 약속, 그리고 그 사람들의 마음에 하나님의 법을 새기겠다는 약속은 그 성취를 받아들이겠다는 모든 사람의 믿음을 확실히, 그리고 반드시 전제 조건으로 삼는 약속이다.

그러나 믿음으로 인한 온전한 성화의 교리에 관하여 어떤 사람들은 믿음 자체가 거룩한 활동이라고 반대해왔다. 그러니까 믿음 자체가 우선은 온전한 성화라는 것이다. 이 사람들은 주장하기를 온전한 성화의 조건으로 믿음을 제시하는 것은 온전한 거룩함의 조건으로 온전한 거룩함을 제시하는 것이나 마찬가지라는 것이다. 이에 관하여 나는 이렇게 증거하고자 한다. 곧 성화는 두 가지 의미의 믿음으로 인한 것이라고 말이다.

첫째, 율법으로 인한 성화와는 달리 온전한 성화는 믿음으로 말미암는다. 다시 말해 우리의 영혼은 율법적인 성화와 달리 그리스도를 믿는 믿음으로 인해 성화된다. 그리스도인은 율법적인 판단에 영향을 받아서 거룩해지는 게 아니라 그리스도의 사랑을, 그리스도와 그분의 대속하심을 믿는 믿음으로 인해 거룩해진다.

이것은 사도 바울이 로마서 9장 30~32절에서 한 말씀 중에 분명히 드러난다. "그런즉 우리가 무슨 말을 하리요. 의를 따르지 아니한 이방인들이 의를 얻었으니 곧 믿음에서 난 의요. 의의 법을 따라간 이스라엘은 율법에 이르지 못하였으니 어찌 그러하냐. 이는 그들이 믿음을 의지하지 않고 행위를 의지함이라. 부딪칠 돌에 부딪쳤느니라." 성도의 성화는 오직 율법에 근거한 칭의나 성화에 대한 소망을 모두 포기하는 대신, 우리의 지혜, 의, 성화, 그리고 구속으로서 그리스도를 받아들임으로써 이루어진다. 믿음은 사실상 거룩한 활동이다. 그러므로 믿음은 가장 낮은 의미에서 온전한 성화이기도 하다. 당연히 믿음은 거룩한 활동이라는 매우 단순한 의미에서 온전한 성화이기도 하다.

둘째, 그러나 내가 이 책에서 사용하는 그런 의미에서 믿음은 온전한 성화의 상태가 아니며, 또한 성경에서 사용하는 그런 의미에서도 온전한 성화의 상태가 아니다. 그러므로 온전한 성화라는 용어가 의미하는 것은 하나님의 법에 대한 완전한 순종에서 의미하는 모든 것을 포함한다. 그 용어에 담긴 이와 같은 의미에서 믿음이 유일한 전제 조건인 모든 부류의 거룩한 활동이 거기에 포함된다. 그러니까 온전한 성화에는 자비의 온갖 형태가 포함되는 반면 믿음은 거룩함의 여러 형태 가운데 오직 하나일 뿐이다. 하나의 거룩한 활동은 또 다른 거룩한 활동의 필요조건일 뿐만 아니라 사실상 믿음은 거룩한 애정이라는 전체 영역을 아우르기 위한 필요조건이다.

곧바로, 즉시 우리는
온전한 성화에 이를 수 있다

온전한 성화는 언제든지 자연스러운 능력에 기초하여 도달할 수 있는 것이다. 만약 이 상태가 자연스러운 능력에 기초하여 도달할 수 없는 것이었다면 그런 상태가 요구되지도 않았을 것이며 그게 없어도 아무런 죄가 되지 않았을 것이다. 그러나 온전한 성화와 관련된 일이 그 성격상 그렇게 곧바로 성취될 수 있는 것인지 아닌지는 계속해서 의문이 제기되어왔다. 이에 관하여 나는 이렇게 대답하고자 한다.

만약 온전한 성화가 즉각적으로 성취될 수 없다면 즉각적으로 온전한 성화에 이르도록 요구되지도 않았을 것이다. 만약 온전한 성화가 성격상 곧바로 도달할 수 있는 게 아니었다면 곧바로 그것에 도달하지 못했다고 해서 죄가 되지는 않았을 것이다. 그러나 우리에게 요구되는 모든 것은 가능한 한 신속하게 밀어붙여야 한다. 그러니까 이럴 때도 일단 죄 없는 상태를 향하여 강하게 밀어붙여야 한다. 왜냐하면 그것이야말로 우리에게 요구될 수 있는 전부이기 때문이다. 그리하여 우리는 자연적으로 불가능하다고 여겨지는 것, 곧 온전한 성화의 상태를 즉각 소유하게 될 것이다. 이미 하나님의 공급하심이 온갖 유혹에 맞서서 준비되어 있다. 만약 충분한 공급하심이 현재와 미래의 온갖 유혹에 맞서 준비되어 있다면 어떤 형태의 유혹은 모든 죄의 원인이므로, 결과적으로 온전한 성화의 상태에 곧바로 도달할 수 있게 될 것이다.

또한 하나님의 말씀과 약속을 신뢰하는 충만한 믿음은 자연스럽게, 확실히, 즉각적으로, 온전한 성화의 상태가 이루어지게 만든다. 우리는 믿음이라는 단어가 다음과 같은 의미에서 사용되고 있다는 점을 꼭 명심해야 한다. 즉 성경에 등장하는 진리와 의미를 깨닫는 것. 그리고 온전한 성화의 상태가 의지하는 온갖 진리를 굳게 붙잡는 것, 특히 하나님이 그분의 아들에 대해 허락하신 성스러운 기록을, 그 아들의 보혈이 "우리를 모든 죄에서 *깨끗하게 하셨다*"라는 것을 충분히 깨닫고 믿는 것 말이다.

그리스도 안에서 현현하신 하나님의 무한하신 사랑을 깨닫고 믿는 것은 하나님에 대해 이루 다 표현할 수 없는 한결같은 사랑으로 그 마음을 채우며 인간에 대해 가장 진심어린 완전한 사랑을 보여주는 것이다. 그러므로 이에 따른 결과는 즉각적으로 믿음을 발휘하는 것이며 이런 의미에서 성화는 즉각적으로 이루어지는 일이다.

하나님이 기뻐하시는
그때 이룰 수 있다

하나님은 그렇게 하기를 기뻐하실 때 어떤 영혼에든지 온전한 성화를 불러일으킬 수 있는 분이다. 이것은 부자들을 구원하시는 하나님의 능력에 대하여 말씀하셨을 때 그리스도께서 명확하게 가르치신 것이다. 그리스도는 부자들의 구원이 "낙타가 바늘귀를 통과하는 것"보다 더 어렵다고 말씀하셨다. 그러자 제자들이 놀라움을 표현했을 때 그리스도는 "사람에게는 불가능한 일이라도 하나님에게는 가능하다"라고 대답하셨다(눅 18:25,27). 이것은 매우 적절한 사례이다. 부자들을 성화에 이르게 하는 것은 부자들의 구원을 방해하는 유일한 난관이다. 그런데 그리스도는 하나님이 부자들을 성화에 이르게 하실 수 있을 뿐만 아니라 "그분에게는 모든 것이 가능하시다"라고 말씀하셨다. 다시 말해 이와 같은 측면에서 하나님의 능력은 무한하시다.

에베소서 3장 20절은 같은 요점을 입증하고 있다. 여기서 사도 바울은 "우리 가운데서 역사하시는 능력대로 우리가 구하거나 생각하는 모든 것에 더 넘치도록 능히 하실 이"라고 하나님을 묘사하고 있다. 그러므로 우리는 온전하고, 영속적이고, 즉각적인 성화의 축복에 대해 얼마든지 생각할 수 있으며 당연히 요청할 수도 있다. 이 말씀에 따르면 하나님은 충분히 그것을 허락하실 수 있는 분이다.

하나님은 현재의 성화를 이룰 수 있으며, 또한 영속적인 성화의 상태로 우리를 굳건히 세워갈 수 있는 분이다. 유다서 1장 24~25절에서 성경은 이렇게 말씀한다. "능히 너희를 보호하사 거침이 없게 하시고 너희로 그 영광 앞에 흠이 없이 기쁨으로 서게 하실 이 곧 우리 구주 홀로 하나이신 하나님." 이 말씀은 타락하지 않도록 우리를 지켜주시는 하나님의 은혜에 관하여 얘기하고 있다. 하나님은 그분의 영광스러운 임재 앞에 아무 흠 없이 우리를 서게 하실 수 있는 분이다. 하나님은 우리를 지켜주시며 그분 앞에 아무 흠 없이 우리를 서게 하실 수 있기에 그분은 영속적인 성화의 상태로 우리를 보존하실 수 있는 분이다. 이 구절은 충분히 하나님이 그렇게 하실 수 있다고 선포하고 있다. 그렇기에 우리는 하나님이 기뻐하시는 그때 반드시 온전한 성화에 도달할 수 있다.

이제 마지막으로 우리는 어떻게 온전한 성화에 도달할 수 있는지를 생각해보기로 하자. 온전한 성화의 상태는 결코 하나님의 때를 무관심하게 기다림으로써 도달할 수 있는 게 아니다. 온전한 성화의 상태는 하나님의 은혜와 상관없이 어떤 율법적인 행위나 자신의 힘으로 수행하는 어떤 종류의 행위로 도달할 수 있는 게 아니다. 즉 자신의 힘으로, 또는 하나님의 은혜 없이 기울이는 어떤 노력으로는 결코 이르지 못한다. 이를 염두에 두고 다음의 논의를 살펴보자.

그럴듯하게 느껴지는
어떤 감정으로 이를 수 없다

우리는 그럴듯하게 느껴지는 어떤 직접적인 노력으로 온전한 성화에 도달할 수 없다. 많은 사람은 그럴듯한 감정 상태로 자신을 억지로 몰아넣기 위하여 헛되이 노력하느라 소중한 시간을 낭비한다. 이제 어떤 믿음, 사랑, 회개나, 어떤 다른 그럴듯한 감정도 이러한 감정이나 활동을 억지로 쥐어짜기 위한 직접적인 노력의 결과가 아니라는 사실을 기억하기를 바란다. 오히려 그와는 반대로 이러한 올바른 감정 상태는 믿음, 사랑, 회개의 진정한 목적을 심사숙고하는 과정에서 나타나는 마음의 자발적인 활동에 지나지 않는다.

여기서 자발적이라는 말은 무의식적이라는 뜻이 아니다. 그와 같은 활동은 의식적이며, 그러한 환경 아래서 가능한 우리 마음의 가장 편안하고 자연스러운 상태이다. 우리 마음에서 강하게 그러한 목적을 심사숙고할 때 올바른 마음 상태를 유지하려는 자연스러운 경향이 나타나게 된다. 이것은 너무나 사실적인 나머지 사람들이 그러한 애정을 표현할 때 그와 같은 힘을 발휘하면서 아무런 어려움도 느끼지 못한다. 오히려 다른 사람들도 자신과 같은 감정을 느끼도록 도와줄 수 없을까 생각하게 된다. 그 사람들에게는 이런 감정이 너무나 자연스럽고 편안하게 느껴지며, 거의 피할 수 없을 정도로 강력한 나머지 어떤 사람이 사랑하고 믿고 회개하는 게 어렵다고 말하면 매우 이상하거나 놀랍다고 생각한다.

신앙이라는 주제에 관하여 많은 사람이 따라가는 과정은 종종 나를 깜짝 놀라게 만든다. 사람들은 자신과 더불어 자신의 상태와 관심사를 자기 마음이 계속해서 그 주변을 빙빙 돌아다니게 만드는 중심점으로 삼는다. 사람들의 이기심이 너무나 엄청난 나머지 자신의 관심사, 행복, 구원이 모든 시계(視界)를 가득 채우게 된다. 또한 자신의 구원 주변으로 떼를 지어 모여드는 온갖 생각, 염려, 모든 영혼에 대해서 이 사람들은 하나님을 사랑할 수 없고 회개하지도 않으며 믿을 수도 없는 굳은 마음으로 불평을 늘어놓는다. 올바로 느끼지도 못한다는 사실을 의식하면서 그 사람들은 자신에 대하여 점점 더 많이 염려하게 된다.

그런데 이것은 단지 올바른 애정을 발휘하기 어렵다는 당혹감과 곤란함만을 키울 뿐이다. 그 사람들은 이러한 감정을 점점 더 깊이 느낄수록 점점 더 많이 그런 애정을 느끼려고 애쓴다. 올바로 느끼려고 훨씬 더 커다란 노력을 기울일수록 별 성과 없이 점점 더 많이 자신의 이기심만을 확인할 뿐이다. 그 생각이 자신의 관심사에 고정될수록 어떤 올바른 감정 상태와는 점점 더 커다란 간격을 드러내게 된다.

이처럼 그 사람들의 이기적인 염려는 비효율적인 노력을 낳게 되고 이러한 노력은 단지 그 사람들의 염려를 더욱 심화시킬 뿐이다. 만약 이와 같은 상태에서 죽음이나 마지막 나팔 소리가 어떤 가시적인 형태로 들려오기라도 한다면, 그리하여 머지않아 엄숙한 심판대 앞으로 불려가야 한다면 그것은 그 사람들의 이기심에 기름을 붓는 꼴이며, 그들의 성화를 도덕적으로 거의 불가능하게 만들 것이다.

율법적인 행위로는
절대 성화에 이를 수 없다

온전한 성화는 은혜를 얻기 위한 어떤 율법적인 행위로도 도달할 수 없다. 믿음에 대한 강의에서 〈오벌린의 복음주의자〉(The Oberlin Evangelist, 오버린대학교에서 발행하는 학술지) 중 첫 번째 책을 통해 나는 다음과 같은 내용을 언급하였다.

어떤 유대인에게 "하나님의 일하심에 동참하기 위해서는 내가 무엇을 해야 할까요?"라는 질문을 던진다면 그 사람은 도덕적이고 의식적인 것을 모두 포함해서 율법을 지키라고, 다시 말해 계명을 지키라고 대답할 것이다.

같은 질문에 대해 알미니안주의자(여기서 찰스 피니는 칼빈주의의 배경을 가진 19세기 그리스도인들 사이에서 통상적인 의미로 쓰이던 알미니안주의자라는 용어를 사용하고 있다-역자 주)는 "일반 은총을 키워라. 그러면 당신은 회심할 만한 은혜를 얻게 될 것이다. 다시 말해 당신에게 있는 최선의 빛을 따라서 은혜의 수단들을 써라. 그러면 당신은 구원의 은총을 얻게 될 것이다"라고 대답할 것이다. 이 대답에서는 질문자가 이미 신앙이 있으며, 믿음 안에서 은혜의 수단을 쓰고 있다는 사실이 구체적으로 전제되어 있지는 않지만 그 사람이 회개했으나 완고한 상태에 있으며, 회심하는 은혜를 체험한 이후에도 계속 어떤 질문을 던지고 있다고 가정하고 있다. 그러므로 그 대답을 이렇게 이해할 수 있다. 곧 당신은 회개하지 않은 완고한 행위를 버리고, 회심하는 은혜에 도달해야 한다. 당신은 자신의 위선을 버리고 거룩해져야 한다. 당신은 죄를 회개하고 성화를 이루어내야 한다.

알미니안주의자들은 공식적으로 칭의의 기초로서 그 질문자를 율법으로 인도하지는 않을 것이다. 그러나 거의 모든 교회는 그와 같은 것에 못지않은 지침을 가르친다. 그 교회들은 율법적인 답변이지 복음적인 대답을 내놓지 않을 것이다. 왜냐하면 그것이 어떤 답변이든지 간에 죄인들 안에 자리 잡은 온갖 미덕의 기초는 율법적이라서 이 질문에 대해서는 믿음을 또렷하게 인식하지 못하는 답변이 제시될 것이기 때문이다. 믿음이야말로 가장 먼저 중요하고도 기본적인 의무라는 사실을 이해하도록 그 질문자를 도와주지 않는다면, 온갖 미덕을 실천하지 않으며 모든 죄를 포기하지 않고 말씀에 순종하지 않는다면 그 사람은 잘못 인도되고 있다. 그 사람은 믿음 없이 하나님을 기쁘시게 하며 율법의 행위로 은혜를 얻는 것이 가능하다고 믿도록 인도되고 있다.

행위에는 단 두 가지 종류, 곧 율법의 행위와 믿음의 행위가 있다. 그런데 만약 그걸 얻기 위하여 어떤 행위 과정에 집중하느라, 그 질문자에게 '사랑으로 역사하는 믿음'이 나타나지 않는다면, 그것은 확실히 율법의 행위로 믿음에 도달하도록 그 사람을 인도하는 것이다. 칭의와 성화는 둘 다 율법의 행위가 아니라 믿음으로 인한 것이라는 진리를 명확하게 전달하지 않는다면 그 사람에게 무슨 말을 건네든지 간에 그것은 복음이 아니라 율법이다. 믿음 이전에는, 또한 믿음 없이는 불신자가 율법적인 행위 외에 다른 어떤 것도 이루어낼 수 없다. 그러므로 불신자의 가장 우선적인 임무는 믿음이다. 믿음 없는 행위를 통하여 믿음을 얻으려는 모든 시도는 그런 토대 위에서 행위를 쌓는 것이며 은혜를 공로로 만드는 것이다. 그것은 복음의 진리와는 정반대되는 것이다.

내가 지금까지 언급한 내용은 공공연히 신앙을 고백하든 아니든 간에 거의 모든 사람의 경험이라는 것을 우리는 일상생활에서 쉽게 확인할 수 있다. 어떤 죄인이 "구원받기 위하여 내가 무엇을 해야 하는가?"라는 질문을 아주 선한 마음으로 받아들이기 시작할 때 그 사람은 가장 첫 번째 임무로서 자신의 죄악, 곧 불신앙을 깨뜨리겠다고 결단할 것이다. 물론 그 사람의 변화는 단지 외부를 향한 것이다. 그 사람은 이런저런 다른 것을 더 잘하겠다고, 이래저래 외적인 것을 바꾸어보겠다고 결심한다. 결국 이런 식으로 회심을 위하여 자신을 준비한다. 그 사람은 은혜와 믿음 없이 구원받겠다고 기대하는 게 아니라 율법의 행위로 은혜에 도달하겠다고 시도하는 것이다.

그와 같은 일이 세상, 육신, 사탄을 이기기 위해서는 무엇을 해야 하느냐고 묻는 수많은 걱정스러운 그리스도인에게도 일어나고 있다. 이 사람들은 "무릇 하나님께로부터 난 자마다 세상을 이기느니라. 세상을 이기는 승리는 이것이니 우리의 믿음이니라"(요일 5:4)는 사실과 "모든 것 위에 믿음의 방패를 가지고 이로써 능히 악한 자의 모든 불화살을 소멸"(엡 6:16)한다는 사실을 쉽게 간과한다. 그 사람들은 이렇게 묻는다. "난 왜 항상 죄에게 지는가? 난 왜 죄의 권세를 짓밟지 못하는가? 난 왜 그런 식으로 늘 내 욕망과 열정의 노예가 되고 사탄의 웃음거리가 되는가?"

그 사람들은 이 모든 영적인 곤고함과 죽음의 원인을 이리저리 찾아 헤맨다. 어떤 때에는 어느 한 가지 의무를 게을리했다는 데서 원인을 발견한다. 다른 때에는 다른 의무를 게을리했다는 데서 원인을 찾아낸다. 때때로 어느 한 가지 죄에 굴복한 데서 원인을 찾고 또 어떤 때에는 또 다른 죄에 굴복한 데서 원인을 찾는다. 그래서 이런저런 방향으로 노력을 기울이고 한쪽에서는 자기 의로 땜질을 하기도 한다. 하지만 여전히 다른 곳에서는 사탄에게 빈틈을 보여준다.

이처럼 그 사람들은 다람쥐 쳇바퀴 돌 듯하면서 자신의 타락이라는 거대한 파도를 막으려고 모래성을 쌓느라 많은 세월을 허비하고 있다. 단번에 곧장 믿음으로 자기 마음을 정결하게 만드는 대신에 그 마음에서 쓴 물이 흘러넘치는 것을 막아내려고 애쓰는 일에 온 힘을 기울이고 있다. 그 사람들은 끊임없이 "왜 내가 죄를 짓고 있는가?"라고 되묻는다. 그러고는 현명한 결론에 도달하는 원인을 찾아 헤맨다. 그리고 그것은 바로 자신의 의무를 게을리했기 때문이라고 결론짓는다. 다시 말해 죄를 지었기 때문이라는 것이다. 그러나 도대체 어떻게 스스로 자기 죄를 없앨 수 있단 말인가! 하지만 그 사람들은 내 의무를 다함으로써, 다시 말해 죄를 멈춤으로써 가능하다고 대답한다.

자, 이제 진짜 질문을 던져보자. 왜 사람들은 자기 의무를 게을리하는가? 도대체 왜 사람들은 죄를 저지르는가? 이 모든 사악함의 근본은 우리 인간 본성의 타락에, 우리 마음의 악함에, 우리의 악한 성향과 습관의 힘에 있다고 말한다면 그것이 과연 대답이 될 수 있는가? 그러나 이 모든 것은 단지 진짜 질문을 우리에게 다시 한번 상기시켜줄 뿐이다. "도대체 어떻게 이처럼 타락한 본성, 이와 같은 사악함, 그리고 이러한 죄스러운 습관을 이겨낼 수 있는가?" 그 해답은 의외로 간단하다. 그것은 오직 믿음으로만 가능하다. 어떤 율법의 행위도 우리가 죄를 이겨낼 수 있는 최소한의 경향도 보여주지 못한다. 오히려 우리 영혼의 자기 의와 불신앙만 확인시켜줄 뿐이다.

다른 모든 죄의 기초가 되는 커다랗고 근본적인 죄는 불신앙이다. 그렇기에 우리가 가장 먼저 해야 할 일은 다른 모든 것을 포기하고 오직 하나님의 말씀을 믿는 것이다. 이것 없이는 단 한 가지 죄도 깨부수지 못한다. "의심하고 먹는 자는 정죄되었나니 이는 믿음을 따라 하지 아니하였기 때문이라. 믿음을 따라 하지 아니하는 것은 다 죄니라"(롬 14:23). "믿음이 없이는 하나님을 기쁘시게 하지 못하나니 하나님께 나아가는 자는 반드시 그가 계신 것과 또한 그가 자기를 찾는 자들에게 상 주시는 이심을 믿어야 할지니라"(히 11:6).

이처럼 우리가 보기에 타락한 사람이나 죄를 자각한 그리스도인들은 죄를 이겨내기 위하여 고뇌하는 과정에서 거의 항상 믿음을 얻기 위하여 율법의 행위에 의지하게 된다. 이 사람들은 금식하고 기도하며 성경을 읽고 죄와 맞서 싸우며 외적으로 변화를 준다. 이런 식으로 믿음을 얻기 위하여 필사적으로 노력한다. 그런데 이 모든 것은 쓸데없고 잘못된 짓이다. 그러면 당신은 이렇게 따질 것이다. 우리가 금식도 하고 기도도 하며 성경을 읽기도 하고 죄와 맞서 싸우기도 하지 않았는가? 그렇다면 우리가 이보다 더한 어떤 행동을 해야 한단 말인가?

그러면 나는 이렇게 대답할 것이다. 그게 아니다. 당신은 하나님이 당신에게 명하신 모든 것을 행해야 한다. 그러므로 하나님이 당신에게 시작하라고 말씀하신 곳에서 시작하라. 그리고 하나님이 그렇게 하라고 명하신 방식으로 그것을 행하라. 다시 말해 사랑으로 역사하는 믿음을 발휘하는 방식으로 행하라. 믿음으로 당신의 마음을 정결하게 하라. 하나님의 아들을 믿으라. 그런즉 "율법으로 말미암는 의를 행하는 사람은 그 의로 살리라 하였거니와 믿음으로 말미암는 의는 이같이 말하되 네 마음에 누가 하늘에 올라가겠느냐 하지 말라 하니 올라가겠느냐 함은 그리스도를 모셔 내리려는 것이요 혹은 누가 무저갱에 내려가겠느냐 하지 말라 하니 내려가겠느냐 함은 그리스도를 죽은 자 가운데서 모셔 올리려는 것이라. 그러면 무엇을 말하느냐. 말씀이 네게 가까워 네 입에 있으며 네 마음에 있다 하였으니 곧 우리가 전파하는 믿음의 말씀이라"(롬 10:5-8).

자, 이러한 사실은 심지어 복음 아래서조차도 공공연히 신앙을 고백하는 거의 모든 사람이, 막상 율법의 행위로 칭의라는 개념을 거부하면서도 어떤 식으로든 행위로 구원을 얻어야 한다고 여기는 이율배반적인 모습을 보여준다.

다른 사람의 경험을
모방해서는 이를 수 없다

온전한 성화의 상태는 다른 사람들의 경험을 모방하려고 시도함으로써 도달할 수 있는 게 아니다. 무지한 상태에서 죄를 깨닫게 된 죄인이나 온전한 성화를 열심히 추구하는 그리스도인들이 자신의 모든 행위에 대해 조심스럽게 주목하고, 그런 다음에는 온전한 성화를 경험한 사람들의 행위를 모방하려고 시도한다. 그뿐만이 아니라 그에 대해 직접적인 노력을 기울이는 일에 착수하기 위하여 다른 사람들에게 물어보는 것은 매우 흔한 현상이다. 그 사람은 다른 사람처럼 볼 수 없는 것과 마찬가지로 세세한 감정을 모두 다 표현할 수 없다는 사실을 제대로 이해하지 못한다.

인간의 경험은 사람마다 외모가 다른 만큼이나 다양하다. 인간의 과거 마음 상태에 대한 전반적인 내력은 자신의 현재와 미래의 활동을 조정하기 위하여 형성된다. 당신의 경우에 꼭 필요할 수도 있는, 그리고 당신의 경우에 실제로 생겨날 것 같은 애착관계의 정확한 과정은 만약 당신이 성화되기라도 한다면 어떤 다른 사람의 활동과는 세세한 부분까지 완전히 일치하지는 않을 것이다. 그렇기에 당신이 어떤 진실한 사람의 신앙 체험을 정확히 모방할 수 없다는 사실을 이해하는 것은 매우 중요하다. 또한 당신이 다른 사람의 체험을 모방하려고 시도할 때마다 사탄에게 속을 커다란 위험에 빠지게 된다는 사실을 이해하는 것도 굉장히 중요하다.

그러므로 내가 간곡히 요청하건대 어떤 다른 사람의 정확한 체험을 달라고 기도하거나, 거기에 도달하려고 노력하는 것을 멈추도록 하라. 모든 진정한 기독교적인 체험은 사람마다 윤곽이 비슷한 외모만큼 너무나 흡사하여 예수 그리스도를 믿는 신앙의 특성이라고 쉽게 이해할 수 있다. 그러나 사람마다 외모가 다른 것과 마찬가지로 이 범위를 넘어서는 어떤 것도 저마다 같지 않다.

또한 예수 그리스도에 대한 어떤 특별한 관점을 기다린다고 해서 온전한 성화에 도달할 수 있는 것이 아니다. 믿음 안에서 살아가는 그리스도인들이 자기 나름대로 그리스도에 대한 관점을 묘사하는 이야기를 들을 때 내가 지금까지 이야기했던 마음 상태에 놓여 있는 사람들은 종종 이렇게 반응하기도 한다. "아, 만약 내가 그런 관점을 가지고 있었더라면 난 믿을 수 있었을 거예요. 내가 믿기 전에도 난 분명히 이러한 관점을 가지고 있었거든요."

그런데 당신은 이러한 관점이 믿음의 결과이자 영향이라는 사실을 반드시 이해해야 한다. 당신이 말하는 이러한 관점이란 그리스도를 묘사하는 성경 말씀 중에서 믿음으로 찾아내야 하는 관점들이다. 믿음은 그러한 말씀들의 의미를 충분히 이해하는 동시에 당신이 믿음을 발휘하기 이전에 스스로 생각하기에 충분히 정립할 수 있을 거라고 여기는 바로 그러한 관점들을 성경 말씀에서 찾아내게 한다. 그런즉 하나님의 단순한 약속을 굳게 붙잡아라. 하나님의 말씀에서 하나님을 취하라. 하나님이 말씀하시는 그대로 의미하는 것을 믿어라. 그러면 이것은 당신이 도달하기를 원하는 온전한 성화의 상태로 당신을 곧장 인도해줄 것이다.

자신이 계획한
어떤 방식으로도 이룰 수 없다

온전한 성화의 상태는 거기로 들어가기 전에 여러 가지로 준비하면서 기다린다고 해서 도달할 수 있는 게 아니다. 당신이 질문하고 있는 것은 '하나님께 올려드리는 온전한 성별의 상태'라는 사실에 주목하라. 이제 온전한 성화의 상태는 어떤 예비활동을 설명하는 장황한 서론으로 시작해야 한다고 생각하지 말라. 진지한 마음으로 이 주제에 대해 질문을 던질 때 이런저런 부족함 때문에, 또는 마음의 다른 활동이나 상태 때문에 진전이 방해받는다고 생각하는 것은 사람들에게 흔히 나타나는 현상이다. 사람들은 진짜 난관을 제외한 다른 모든 곳으로 시선을 돌린다. 그런 까닭에 아직도 성화의 상태에 들어가지 못하고 있는 진짜 이유를 제외한 잡다한 이유를 상당히 많이 찾아내게 된다.

이러한 사람들은 각종 모임에 참여하거나, 다른 그리스도인들에게 기도를 요청하거나, 어떤 식으로든 이와 같은 상태에 도달하기 위한 각종 수단에 의지함으로써 도달하려고 한다. 이렇게 말한다고 해서 내가 그러한 수단들이 아예 필요하지 않다거나, 이와 같은 마음 상태에 도달하는 것은 진리를 수단으로 하지 않아도 된다는 의도로 이야기하는 것은 아니다. 오히려 그것이 어떤 수단이든지 간에 당신이 그것을 의지하는 동안 당신의 마음은 바로 가까이에 있는 현실적인 초점에서 벗어나 오히려 이런 상태에 도달할 수 없게 될 가능성이 아주 크다는 것이다.

그렇기에 온전한 성화는 당신이 스스로 계획할 수 있는 어떤 방식으로 도달될 수 있는 게 아니다. 무언가를 찾아 헤매는 사람들은 그에 대해 제대로 인식하지도 못하는 것처럼 보이는데도 자신에게 어떤 상상을 심어주기가 매우 쉽다. 이 사람들은 그런 방식을 주장하면서 자신이 분명히 도달하려고 의도하는 곳에다 깃발을 세운다. 그래서 자기 목표에 도달했을 때 이런저런 것들이 발휘되기를 기대할 뿐만 아니라 어떤 특별한 관점과 느낌이 들게 되기를 기대한다. 이러는 과정에서 자신에게 실망해본 적이 없는 사람은 아마 아무도 없을 것이다. 하나님은 이렇게 말씀하신다. "내가 맹인들을 그들이 알지 못하는 길로 이끌며 그들이 알지 못하는 지름길로 인도하며 암흑이 그 앞에서 광명이 되게 하며 굽은 데를 곧게 할 것이라. 내가 이 일을 행하여 그들을 버리지 아니하리니"(사 42:16).

당신의 상상력이 스스로 길을 계획하도록 가만히 내버려 두는 것은 당신에게 커다란 장애물이다. 이처럼 상상 속에 있는 마음 상태에 도달하려고 시도하는 것은 당신에게 많은 열매를 맺지 못하게 만들 것이며 아무런 열매가 없는 것보다 더 나쁜 상황으로 몰아갈 것이다. 그것은 당신의 시간을 허비하게 만든다. 또한 하나님의 인내심을 상당히 많이 지치게 할 뿐만 아니라 하나님의 성령을 슬프게 한다.

하나님은 당신을 적절하게 올바로 인도하려고 노력하고 있지만 당신은 그 길을 바꾸어 당신의 상상력으로 그 길을 계획하겠다고 주장하고 있다. 당신은 하나님이 인도하려고 애쓰는 길을 무시하고 있다. 그러니까 당신의 교만과 무지로 당신은 하나님의 일하심을 상당히 많이 지체시키고 있으며, 하나님의 오래 참으심을 남용하고 있다. 하나님은 "이게 바로 그 길이니, 너는 이 길로 걸어가라"고 말씀하시지만 당신은 "아니요, 저쪽이 길이에요"라고 반응하고 있다. 그런 까닭에 매 순간 당신은 자신과 멀리 떨어져 계시는 하나님의 성령을 슬프게 만들고 자기 영혼을 잃어버릴 위험에 빠져 있으면서도 그냥 서서 잡담과 농담이나 지껄이고 있다.

오직 믿음으로만
온전한 성화에 도달할 수 있다

"믿음이 없이는 하나님을 기쁘시게 하지 못하나니 하나님께 나아가는 자는…"(히 11:6), "믿음을 따라 하지 아니하는 것은 다 죄니라"(롬 14:23)는 사실을 영원히 기억해야 한다. 칭의와 성화는 둘 다 오직 믿음으로 인한 것이다. 성경은 로마서 3장 30절에서 이렇게 가르친다. "할례자도 믿음으로 말미암아 또한 무할례자도 믿음으로 말미암아 의롭다 하실 하나님은 한 분이시니라." 로마서 5장 1절에서는 "그러므로 우리가 믿음으로 의롭다 하심을 받았으니 우리 주 예수 그리스도로 말미암아 하나님과 화평을 누리자"라고 가르친다. 또한 로마서 9장 30~32절에서는 "그런즉 우리가 무슨 말을 하리요. 의를 따르지 아니한 이방인들이 의를 얻었으니 곧 믿음에서 난 의요 의의 법을 따라간 이스라엘은 율법에 이르지 못하였으니 어찌 그러하냐. 이는 그들이 믿음을 의지하지 않고 행위를 의지함이라. 부딪칠 돌에 부딪쳤느니라"고 책망한다.

그러므로 당신이 해당 주제의 이와 같은 부분을 명확하게 이해하고 있을 수도 있지만 나는 다시 한번 〈오벌린의 복음주의자〉 제1권에 게재된 내 강의에서 구원의 믿음을 구성하는 여러 가지 요소를 인용하고자 한다.

구원하는 믿음의 첫 번째 요소는 성경의 진리를 깨닫는 의식이다. 단지 이것만이 구원의 믿음을 구성하는 요소인 것은 아니다. 왜냐하면 사탄도 자신을 두려워서 떨게 만드는 진리를 이 정도로 깨달을 만큼 나름대로 의식하고 있기 때문이다.

구원하는 믿음의 두 번째 요소는 지성을 통해 인지되는 진리에 대한 마음의 동의나 그에 대한 의지이다. 이것은 그러한 진리에 대한 마음의 진심어린 신뢰나 안식이며, 그러한 진리의 영향력에 모든 존재를 굴복시키는 것이다. 그런데 아무런 마음의 확신 없이 단지 하나님에게 외적인 순종만이 있을 수 있다고 이해하기가 매우 쉽다. 자기 남편에 대한 아무런 확신이 없다면 아내는 남편에 대해 겉으로 드러나는 의무를 이행하는 것 이외에는 아무것도 할 수 없다. 아무런 확신도 없이 아내가 마음으로부터 의무를 다하고 있다고 말하는 것은 모순이다. 그와 같은 일은 부모의 역할에서도, 다른 모든 통치에서도 마찬가지다. 율법의 행위는 믿음 없이 수행될 수 있다. 다시 말해 우리는 두려움이나 소망, 또는 어떤 이기적인 욕심 때문에 섬길 수도 있다. 그러나 사랑으로 역사한다는 확신이 없다면 마음에서 우러나는 순종은 자연히 불가능하다. 사랑이 없다면 마음에서 우러나는 순종이라는 말은 모순이다.

믿음은 우리가 생각할 수 있는 가장 단순하고 합리적인 마음 상태이다. 믿음은 아주 어린 자녀들에게서 볼 수 있는 너무나 놀라운 마음 상태이다. 아이들은 다른 사람들의 위선과 타락으로 불신을 배우기 전에는 불신앙에 대해서 아무것도 모른다. 아이들은 너무나 순박하고 솔직하여 자기 주변에 있는 사람들에게 완전한 신뢰를 느낀다. 믿음은 지성으로 인지된 하나님의 말씀을 단순히 신뢰하면서 그러한 진리 안에서 마음을 안식하게 하는 것이다. 또한 하나님의 말씀에 의식적인 자신의 모든 능력을 자연스럽게 굴복시키는 것이다.

믿음은 자발적인 마음 상태이다. 지금까지 내가 이야기한 것처럼 그것은 믿으려고 노력한 결과가 아니다. 믿음은 하나님의 진리 안에서 자연스럽게 안식하거나 휴식하는 것이다. 우리 영혼이 믿게 될 때 그것을 설명할 수 있는 표현은 "내가 활활 타오르는 불을 유심히 바라보며 깊은 생각에 잠겨 있는 동안"이라는 것이다. 그때에는 나 자신이 믿는다는 것을 의식하기도 전에 그 진리를 믿어야겠다고 생각한다. 내가 이미 언급했던 것처럼 나는 이것이 무의식적인 마음 상태라는 뜻으로 이야기하는 게 아니다. 믿음은 어떤 노력의 결과라고 말하지 못할 정도로 아주 높은 인식 상태에서 의식적으로 이루어지는 것이다. 믿음은 즐겁고 자연스럽고 편안하게 우리의 마음이 진리의 영향력에 굴복하는 상태이다.

믿음은 그리스도를 묘사하는 말씀들의 참된 의미를 발견하고 거기에 담긴 충만함을 넉넉히 이해하도록 한다. 믿음은 저 멀리 동떨어져 계신 분이 아니라 가까이 계신 분으로 그리스도를 제시하며 어두운 먹구름에 휩싸인 분이 아니라 충만함과 찬란한 영광 가운데 나타나는 분, 우리 영혼을 압도하고 녹아내리게 만드는 사랑스러움을 초월하시는 분으로 그리스도를 제시하고 있다.

그렇기에 우리가 온전한 성화의 상태에 이르기 위해서 믿어야 하는 진리는 '하나님이 그분의 아들에게 주신 기록'으로 이루어지는 진리이다. 그 마음은 그리스도 안에서 하나님을 이해해야 한다. 하나님을 닮아가기 위하여 우리는 그분이 누구신지 알아야 한다. 하나님에게 자발적으로 모든 것을 성별하도록 인도받기 위하여 그분이 누구신지를 아는 지식으로 우리의 모든 이기심을 극복해야 한다. 그리고 이와 같은 지식은 오직 그리스도 안에서 하나님을 바라봄으로써 얻을 수 있는 것이다. 바로 이와 같은 목적을 위하여 하나님은 스스로 인간의 본성을 취하셔서 자신을 사람의 아들들에게 계시하셨으며, 그런 식으로 사람들의 마음에 그분의 성품에 대한 참된 지식을 제시하셨다.

우리가 하나님을 아는 지식의 자연스럽고 확실한 결과는 그분에 대한 온전한 성별의 상태이다. 각 사람이 자신(자신의 성품, 위험, 고민)을 명상하는 데 익숙해진다고 해서 자동으로 성화될 수 있는 게 아니라고 나는 지금까지 역설하였다. 아무리 그런 식으로 심사숙고하더라도 성화의 상태를 불러일으키는 아무런 경향도 나타내지 못한다. 하나님께 자신을 성별하기 위해 가능한 방법을 찾지 않는다면 각 사람은 영원무궁토록 그 자신의 비참함이나 곤고함에 머물러 있을 수밖에 없다.

그렇다면 어떤 식으로든 그런 결과를 낳을 수 있도록 생각해야 할 것들은 무엇인가? 무한정 탁월하신 그리스도의 성품을 심사숙고하는 것(그리고 단지 이것만으로도)은 믿음과 사랑에 커다란 영감을 불러일으킬 수 있다. 그러므로 만약 당신이 온 마음을 다하여 하나님을 신뢰하며 사랑하고 싶다고 기대한 적이 있다면 당신은 분명히 이런 식으로 하나님을 사랑하고 신뢰하는 이유를 정확히 인식하고 있어야 한다. 당신은 확실히 하나님을 알아야 한다. 당신은 하나님에 대한 참, 지식을 가지고 있어야 한다. 자신이 아니라 하나님이 모든 생각의 목적과 대상이 되어야 한다.

그런 다음에는 당신의 어떤 행위로, 또는 조금이라도 무언가를 느끼거나 행하려는 어떤 직접적인 노력으로 성화될 수 있다고 기대하는 것을 멈추어야 한다. 그리고 "믿음은 들음에서 난다"라는 말씀을 기억하고 하나님이 그분의 아들에게 주신 기록을 이해하고 믿어야 한다. 그러면 곧바로 당신은 "그가 빛 가운데 계신 것같이 우리도 빛 가운데 행하면 우리가 서로 사귐이 있고 그 아들 예수의 피가 우리를 모든 죄에서 깨끗하게 하실 것이요"(요일 1:7)라는 진리를 경험적으로 알 수 있게 될 것이다.

자기 몸을 거룩히
보존함으로써 이를 수 있다

결론적으로 나는 이렇게 설명하고자 한다. 사도 바울

이 이 책의 초반부에 제시된 말씀(평강의 하나님이 친히 너희를 온전히 거룩하게 하시고 또 너희의 온 영과 혼과 몸이 우리 주 예수 그리스도께서 강림하실 때에 흠 없게 보전되기를 원하노라. 너희를 부르시는 이는 미쁘시니 그가 또한 이루시리라. 살전 5:23-24)을 기록했을 때 바울의 마음에 자리 잡고 있었을지도 모르는, 사람의 혼과 영 사이에 있는 어떤 가상의 구분을 지나치게 깊이 생각하는 것은 쓸데없는 짓이다. 우리는 바울의 기도를 하나님을 섬기는 일에 모든 존재를 온전히 성별하기 위한 것이라고 이해해야 한다. 그렇기에 우리는 우리 몸의 온전한 성화에서 의미하는 바를 한 번 더 정확히 인지할 필요가 있다.

첫째, 우리는 하나님을 섬기는 일에 우리 영혼을 통한 우리 몸의 온전한 성화, 그 모든 지체의 온전한 성화를 의미하는 것으로 몸의 성화를 이해하고 있다. 우리의 몸은 영혼을 통하여 그 자체를 드러내고 그 소원을 성취하는, 그러니까 단순히 우리 영혼의 수단으로 간주하여야 한다.

둘째, 또한 우리 몸의 온전한 성화는 하나님을 섬기는 일에 대한 우리 몸의 모든 욕구와 열정을 온전히 성별하는 것을 의미한다. 우리 몸의 모든 욕구를 오직 그것이 설계된 목적대로만 사용해야 한다. 우리 영혼의 주인이 아니라 섬기는 종으로 우리 영혼을 하나님에게서 멀어지게 하기보다는 각 신체 기관의 최고 관심사를 옆에서 보조하는 것이 되어야 한다.

셋째, 우리 몸의 온전한 성화란 우리 몸을 통제하여 완전히 복종시킴으로써 우리 몸의 다른 어떤 욕구나 열정도 단지 탐닉을 위한 탐닉에 빠지지 않도록 한다는 뜻이다. 어떤 욕구나 열정도 우리 존재의 최종 목적에 대답하기 위하여, 그리고 우리에게 최고로 유용하다는 것을 보여주기 위하여 언제든지 고려되어야 한다.

인류의 거대한 잘못은 영혼이 우리 몸의 노예가 될 정도로까지 자기의 품격을 떨어뜨려 왔다는 데 있다. 지금까지 우리 몸의 온갖 욕구와 열정이 우리의 영혼을 온전히 다스려왔다. "육신의 생각은 하나님과 원수가 되나니 이는 하나님의 법에 굴복하지 아니할 뿐 아니라 할 수도 없음이라. 육신에 있는 자들은 하나님을 기쁘시게 할 수 없느니라"(롬 8:7-8)는 말씀처럼 육신이 우리 영혼의 법으로 자리 잡도록 허락해왔다.

그러므로 사도 바울은 이렇게 한탄했다. "그러므로 내가 한 법을 깨달았노니 곧 선을 행하기를 원하는 나에게 악이 함께 있는 것이로다. 내 속사람으로는 하나님의 법을 즐거워하되 내 지체 속에서 한 다른 법이 내 마음의 법과 싸워 내 지체 속에 있는 죄의 법으로 나를 사로잡는 것을 보는도다. 오호라. 나는 곤고한 사람이로다. 이 사망의 몸에서 누가 나를 건져내랴"(롬 7:21-24).

바울은 계속해서 이렇게 말했다. "너희가 육신대로 살면 반드시 죽을 것이로되 영으로써 몸의 행실을 죽이면 살리니 무릇 하나님의 영으로 인도함을 받는 사람은 곧 하나님의 아들이라"(롬 8:13-14).

"육신을 따르는 자는 육신의 일을 영을 따르는 자는 영의 일을 생각하나니"(롬 8:5). "육신의 생각은 사망이요 영의 생각은 생명과 평안이니라"(롬 8:6). "스스로 속이지 말라. 하나님은 업신여김을 받지 아니하시나니 사람이 무엇으로 심든지 그대로 거두리라. 자기의 육체를 위하여 심는 자는 육체로부터 썩어질 것을 거두고 성령을 위하여 심는 자는 성령으로부터 영생을 거두리라. 우리가 선을 행하되 낙심하지 말지니 포기하지 아니하면 때가 이르매 거두리라"(갈 6:7-9). 다시 말해 성경 전체에서는 인류의 한 가지 커다란 잘못과 죄는 바로 육체의 탐닉이라고 명확하게 가르치고 있다.

넷째, 우리 몸의 온전한 성화는 육신의 정욕을 부인하는 것을 의미한다. 그리하여 "밤이 깊고 낮이 가까웠으니 그러므로 우리가 어둠의 일을 벗고 빛의 갑옷을 입자. 낮에와 같이 단정히 행하고 방탕하거나 술 취하지 말며 음란하거나 호색하지 말며 다투거나 시기하지 말고 오직 주 예수 그리스도로 옷 입고 정욕을 위하여 육신의 일을 도모하지 말라"(롬 13:12-14). 온갖 욕구와 열정은 우리 영혼의 최고 관심사와 완전, 그리고 하나님의 영광을 위하여 절제되어야 하며 거기에 완전히 복종 되어야 한다. 우리 몸이 이생에서 성화될 수 있다는 가장 고상한 의미에는 모든 것을 가장 엄격하게 절제한다는 뜻이 담겨 있다.

여기에서 절제라는 의미는 유용한 것을 절도 있게 사용하고 해로운 것을 완전히 끊는다는 의미이다. 거기에는 우리 몸의 모든 인위적인 욕망을 철저히 부인한다는 의미도 담겨 있다. 인위적인 욕망이란 어떤 종류든 신체 법칙을 악용하거나 어김으로써 신체 체계가 완전히 타락하기에 앞서 인간에게 자연스럽지 못한 온갖 다양한 욕망을 의미한다. 그러한 인위적인 욕망 중에는 거의 보편적으로 사용되고 있기는 하지만 마약, 독주, 담배, 영양가 없는 흥분제를 타서 마시고 싶어 하는 온갖 종류의 열망이 포함된다.

그러한 온갖 물질을 사용하는 것은 완전한 절제와는 전혀 조화되지 않는 것이며 단순히 무익한 것보다 더 나쁘다. 또한 그러한 물질들은 확실하고 영구적인 쇠약을 대가로 단지 일시적인 흥분을 얻을 뿐이다. 술이 그토록 오랫동안 인간들을 속여 왔던 것과 마찬가지 원리로 그것들은 또다시 인간을 속일 것이다. 비록 우리 몸과 영혼의 최고 안녕을 완전히 해치거나 그와 전혀 조화되지 못하는 것은 아닐지라도 그것들은 우리의 존재에 실질적으로 커다란 해를 끼치거나 조화롭지 못하게 할 것이다.

오직 그에 대해서 아무것도 모르는 것만이 죄를 짓지 않도록 이런 것들의 사용을 막을 수 있다. 그것들에 대해 알 만한 수단이 가까이 있을 때조차도 이와 같은 무지 자체는 어떤 경우에 죄가 될 수도 있다. 결론적으로 이런저런 여러 가지 환경 아래서 이와 같은 것들을 끊임없이 이용하는 것은 온전하고 영속적인 성화와는 조화되지 않을뿐더러 칭의와 구원과도 조화되지 않는다.

또한 절제란 우리의 신체 체계를 다스리는 모든 법칙을 알고 거기에 순응한다는 뜻이다. 인간에게 우리 존재의 구조와 법칙을 아는 것보다 더 중요한 지식영역은 거의 없다. 그런데도 사람들이 일반적으로 이에 대해 너무나 부끄러울 정도로 무지한 주제도 없을 것이다. 일반적으로 사람들은 몸과 관련된 모든 것이 법칙으로 적절히 조절된다는 사실을 아예 모르거나 심지어 짐작하지도 못한다.

그렇기에 우리는 이러한 법칙들을 완벽하게 파악하고 거기에 순응함으로써 마치 중력의 법칙이 모든 행성의 규칙적인 움직임을 만들어내는 것처럼 확실하고 영속적으로 건강을 유지해야 한다. 세상은 온통 질병과 너무 이른 죽음으로 가득하다. 그런데도 사람들은 이러한 일에 대하여 신비스러운 하나님의 섭리로 치부하고 만다. 그러면서도 이것들이 인체를 다스리는 법칙을 가장 난폭하고 무모하게 여김으로써 일어나는 자연스럽고 당연하고 확실한 결과라는 사실은 전혀 꿈에서도 생각하지 못한다.

또한 모든 것을 절제한다는 것은 운동과 휴식과 관련하여 올바른 식사요법과 더불어 이전과는 다른 습관을 갖는다는 의미이다. 다시 말해 신체의 완전함을 최고 수준으로 촉진하기 위하여, 그리하여 최고 수준으로 우리의 영혼이 그것을 활용할 수 있는 상태로 유지하기 위하여 우리 몸의 생리적인 법칙에 관한 모든 측면에서 올바로 순종하는 것은 하나님의 뜻을 성취하는 일이다. 신체적인 능력과 신체 자체가 우리 영혼의 관심사 때문에 희생될 수 있는 경우가 분명히 있다. 또한 우리 구속주의 관심사, 곧 그리스도의 왕국에서 요구하는 의무를 위해 우리의 신체를 희생해야 할 경우도 분명히 있다. 그리스도께서도 자기 몸을 희생제물로 드리셨다. 사도와 순교자들도 자기 몸을 포기했다. 그리고 모든 시대에서 수많은 사람이 그리스도의 왕국을 위한 온갖 수고에 자신을 온전히 내드렸다. 이것은 우리 몸과 모든 존재를 하나님께 최고로 성별하는 삶과 조화를 이룬다.

다른 한편으로 그건 이러한 성별의 최고 사례 가운데 하나이다. 그러나 그게 요구되지 않는 환경에서 우리 몸의 성화란 신체의 힘을 함부로 낭비하지 않도록, 신체적인 능력 가운데 어떤 것이라도 운동을 게을리하거나, 신체 기관을 혹사하거나, 어떤 신체 법칙을 조금이라도 지나치게 옹호함으로써 오히려 우리 몸이 쇠약해지거나 다치지 않도록 한다는 뜻이다. 그것은 먹고 마시고 자고 수고하고 쉬고 운동하는 우리 습관을 가장 규칙적으로 한다는 뜻이다. 다시 말해 우리의 몸과 영혼을 가장 수준 높은 완전함으로 올려드릴 수 있는 모든 일에 대해서 엄격하게 신앙적으로 고려한다는 뜻이다.

음식에 대해서 별다른 생각 없이 매우 무감각해진 폭식가가 하나님께 자기 몸이나 영혼을 온전히 성별할 수 있겠는가? 분명히 그럴 수 없다. 그 사람의 식탁은 함정이요 덫이며 그 사람에게 걸림돌이다. 세심하게 준비된 식사요법을 몹시 싫어하면서도 몸에 지극히 해로운 조미료와 양념을 넣어서 모든 식사를 준비하는 어떤 사람의 취향이 과연 하나님께 온전한 성별의 상태에 있다고 할 수 있겠는가? 절대 아니다! 분명히 그 사람의 "신은 배에 있다." 그 사람의 "영광은 자신의 수치에 있다." 그 사람은 "이 세상의 것들에 마음이 있다." 그렇기에 사도들은 "아무리 애통해하더라도 그 사람의 마지막은 멸망이다"라고 이 사람에게 선포할 것이다.

인간이 자기 존재의 법칙들을 방종하고 소홀히 여겼기 때문에 저주를 당하는 온갖 다양한 형태의 질병과 곤고함을 목격하는 것은 무시무시한 일이다. 시름시름 앓고 있는 몸으로는 인간의 마음속에 자리 잡은 능력을 결단코 최대한 발전시킬 수 없으며, 또한 최고의 완전에 도달할 수도 없다. 아마도 현재 상태와 같은 형편에 처해 있는 어떤 사람도 거의 완전한 건강을 유지하는 수준에 이를 수 없다. 그런데 많은 사람이 자기가 완벽하게 건강하다고 스스로 생각한다. 이는 단지 완벽하게 건강한 사람을 전혀 본 적이 없기 때문이며, 또한 우리 몸의 기관 중에 많은 부분이 치명적인 질병을 앓을 수도 있다는 점을 충분히 인식하지 못하고 있기 때문이다.

우리 몸의 건강에 필요한 식사요법과 더불어 다른 습관들의 지대한 영향력이 사람들 사이에서 단지 매우 제한적인 정도로만 알려져 있다. 또한 우리 몸에 영향을 미치는 것은 무엇이든지 간에 어쩔 수 없이 우리 마음에 영향을 미친다는 사실은 훨씬 더 적게 이해하고 있다. 한 인간의 기질과 정신은 건강 상태에 따라 굉장할 정도로 바뀌게 된다. 산성 위장은 갈증을 일으키며, 소위 어떤 신경병은 우리 마음에 지대한 영향력을 미친다.

우리의 모든 식사요법과 더불어 여러 가지 다른 생리적인 습관은 우리의 도덕적인 성품을 형성하고 빚어나가는 데 강력한 영향력을 끼친다. 그러나 사람들은 이 사실을 그다지 많이 인식하지 못한다. 필연적이거나 절대적인 것은 아니지만 단지 유혹이라는 방식으로 그것은 우리의 신체 기관에 고스란히 영향을 끼칠 수도 있다. 우리 몸에 해로운 모든 흥분제를 비롯한 다른 모든 것은 우리 마음에도 결정적으로 작용한다. 만약 우리 몸과 영과 혼의 성화를 기대하고 있다면 당신은 절제의 원리와 생리적인 변화의 참된 원리에 친숙해져야 한다. 그리고 총체적으로뿐만 아니라 세부적으로도 거기에 자신을 순응시키는 훈련을 해야 한다. 이것이 온전한 성화에 이르게 하는 우리 몸의 순종이다.

아주 적은 수의 사람만이 우리 몸의 성화에 단단히 붙어 있는 게 얼마나 중요한지를 제대로 깨닫고 있는 것처럼 보인다. 사실상 하나님을 섬기기 위하여 신체적인 욕구와 능력을 성별시키지 않는다면, 하나님의 영광을 위하여 먹고 마시며 자고 깨며 수고하고 쉬는 법을 배우지 않는다면 온전하고 영속적인 성화는 우리에게 전혀 불가능한 일이다.

소수의 사람만이 우리 신체가 마음을 지배하는 엄청난 영향력을 깨닫고 있는 것처럼 보인다. 또한 우리 몸을 반드시 말씀의 통제 아래 두면서 굴복시켜야 한다는 사실에 대해서도 마찬가지다. 자기 몸을 올바로 관리하지 않는다면 그것이 우리를 죄악으로 인도할 수밖에 없을 만큼 우리 마음을 너무나 맹렬하게 짓누르는 유혹의 근원으로 작용할 수 있다. 그러나 이를 끊임없이 기억하는 사람은 드문 것처럼 보인다.

그렇기에 생명과 건강의 법칙을 비롯하여 모든 영과 혼과 몸을 거룩하게 만드는 최고의 수단에 대한 정보를 얻을 수 있는 사람이, 이러한 지식의 수단을 소홀히 한다면 그것은 죄이다. 우리는 주변 환경이 허락하는 한 철저하게 조사하여 하나님의 영광을 위하여 우리 몸과 마음을 반드시 굴복시켜야 한다. 우리는 완전한 절제의 참된 원리가 무엇인지, 어떤 방법으로 우리 몸과 마음의 모든 능력을 하나님의 영광을 위하여 가장 잘 활용할 수 있는지를 온전히 배워야 한다. 이것이 우리가 이생에서 온전한 성화에 이를 수 있는 척도이다.

지금까지 우리가 이 책에서 논의한 내용에 비추어볼 때 그리스도인들이 온전히 성화되지 못한 이유는 매우 분명하다. 그리스도인들은 이생에서 온전한 성화의 상태에 도달할 수 있다고 믿지 못했기 때문이다. 그런데 이거야말로 온전한 성화에 도달하지 못하는 충분한 이유인 동시에 사실상 모든 이유 가운데 가장 중요한 이유이다. 그러므로 지금까지 논의한 대로 이생에서 온전한 성화에 도달하는 것과 관련하여 진짜로 던져야 할 질문은 "실제로 거기에 도달할 수 있는가?"라는 것을 쉽게 알 수 있다.

여기서 만약 우리가 거기에 도달할 수 없다는 사실이 충분히 인정된다고 가정해보자. 이와 같은 사실은 그 사람들이 이생에서 온전한 성화에 도달할 수 없다고 알거나 믿는다는 사실을 고려할 때 그것으로 충분히 설명된다. 만약 그 사람들이 그런 상태에 도달할 수 있다고 믿었다면 그 사람들이 거기에 도달하지 못한다는 것은 이제 더는 사실일 수 없다. 그러나 만약 하나님의 공급하심을 통하여 정말로 이와 같은 상태에 도달하도록 하였음에도, 그것을 사실로 인식하고 믿지 않을 경우 그것은 아무 데도 이르지 못하게 할 것이다. 이때 우리에게 절실히 필요한 것은 바로 이 성화야말로 우리의 고상한 특권이자 사명이라는 사실을 온전히 깨닫고 믿는 것이다.

단지 자연적인 능력에 기초하여 이와 같은 상태에 도달할 수 있다고 말하는 것으로는 충분하지 않다. 그것은 이 세상 사람들에게도 그런 것처럼 사탄에게도, 지옥에 있는 잃어버린 자들에게도 마찬가지다. 그러나 은혜가 우리 가까이에서 이와 같은 상태에 도달할 수 있도록 도와주어 그곳에 이를 수 있다고 확신하면서 그것을 우리 신앙의 목표로 삼는다면 우리는 이생에서 충분히 온전한 성화에 이를 수 있다.

오직 자연적인 능력만을 기초로 이와 같은 상태에 도달할 수 있다고 단순히 주장하는 것은 인간에게 하찮아 보일지도 모른다. 자연적인 능력에 기초해서는 사악한 사람들과 사탄들 역시 온전히 거룩해질 수 있는 능력을 갖추고 있다. 그러나 이러한 존재들은 이와 같은 능력을 올바로 사용하는 것을 달가워하지 않는다. 마음이 너무나 완악해서, 사실상 하나님의 은혜로 온전히 거룩해지도록 영향을 받으려고 하지 않는다.

그렇다면 하나님이 허락하신 복음을 통하여 우리에게 내려진 은혜를 충분히 이해하고 굳게 붙잡았다면 사실상 우리가 이와 같은 상태에 도달하였겠는가? 실제로 우리가 이와 같은 상태에 도달하지 못해왔기 때문에, 그러므로 자연적인 능력만으로 거기에 도달할 수 있다는 논리가 얼마나 부적절하고 터무니없는 주장인지 우리는 분명히 알 수 있다. 그러나 우리가 거기에 도달할 수 있다는 사실을 아직 제대로 이해하지 못했다고 하더라도, 그런 우리일지라도 온전한 성화에 도달하지 못할 것이라고 단정지어서는 안 된다. 왜냐하면 아직 복음을 받아들이지 않은 이방인들이라고 해서 앞으로도 복음을 받아들이지 않을 것이라고 확증할 수 없기 때문이다.

갓 회심한 어린 초신자들에게 단 하루라도 온종일 죄짓지 않고 살 수 있다는 생각을 할 수 있도록 교회에서 가르친 적이 없다. 교회에서 나타나는 일반적인 현상으로, 우리의 영혼과 육신이 하늘로 즉각적으로 옮겨가는 것을 기대할 수 있다는 가르침을 받지 못했던 것과 마찬가지로, 그와 같은 회심자들이 하루라도 죄 없이 사는 것을 기대할 수 있다고 가르친 적은 결코 없다. 초신자들은 계속해서 죄 가운데 살아가는 것 외에 다른 어떤 방법이 있다는 것을 배운 적이 없다. 계속해서 죄지을 수밖에 없다는 사실이 그 사람들의 첫사랑으로 인한 열정에 아무리 커다란 충격과 고통을 안겨준다고 할지라도, 여전히 그 사람들은 죄에 엄청나게 속박되어 살아가는 것을 이 세상에서는 결코 피할 수 없는 사실로 간주한다.

자, 이제 교회와 그리스도인 전체에 너무나 널리 퍼져 있는 —

하나님의 은혜가 이 세상 사람들에게 할 수 있는 가장 멋진 일은 그 사람들을 회개로 인도하여, 죄를 지으면서 회개하는 상태로 살다가 죽도록 그냥 내버려 두는 것일 뿐 — 이와 같은 정통 신앙으로는, 지금까지 존재해왔던 이생에서 온전한 성화의 상태에 이를 수 있다는 것이, 과연 실제로 존재했는지조차 의문스러울 뿐이다.

그러므로 그리스도인들에게 온전한 성화의 교리를 전파한 결과를 대충 훑어보면서, 이렇게 말할 수밖에 없다는 생각이 든다. 그 결과를 관찰할 때마다 이 교리가 참되다는 같은 증거를 발견하게 되며, 그리고 죄인들의 회심에 대해 하나님이 너무나 자주, 너무나 훌륭하게 복 주고 계신다는 진리를 발견하는 것과 마찬가지로, 그리스도인들의 성화에 대해서도 이처럼 하나님을 소유하고 엄청난 은혜를 누린다는 증거를 발견하게 된다고 말이다. 우리가 죄인들에게 전파했던 복음이 그 죄인의 회심에 대해서 역시 진리였던 것처럼 이와 같은 교리는 그리스도인들의 신앙심을 고양시킬 것으로 자연스럽게 기대할 수 있다. 그뿐만이 아니라 하나님의 축복 아래서 그리스도인들의 경건을 구체적으로 실천할 수 있도록 이끌 것이다.

이처럼 온전한 성화의 교리가 사실이라면 교회에서 그것을 분명하고 충분하게 전파하는 게 얼마나 중요한 일인지 깨닫게 될 것이다. 회심자의 심령이 첫사랑 덕분에 아직도 뜨끈뜨끈할 때 그때가 바로 이 사람들이 구세주와 매우 친밀해지도록 도와주고, 구세주의 모든 직분과 관계에서 그분을 높이도록 도와주어, 모든 죄의 권세를 깨뜨리고, 모든 자기 의존과 영원히 단절하며, 현재의 완전하고 영속적인 구세주로서 그리스도를 받아들이도록 인도해야 하는 시기이다.

이와 같은 과정을 거치지 않는다면 그 사람들의 타락은 도저히 피할 수 없다. 구세주와 깊고 철저하게 경험적으로 친밀해지지 않고서도 타락의 시기에 아무 탈 없이 그대로 머물러 있을 수는 없다. 만약 아무 탈 없이 그래도 머물러 있다면 그것은 당신이 자기 손으로 나이아가라 폭포의 물줄기를 다시금 제자리로 모두 되돌려 놓는 것이나 마찬가지다. 그런데 만약 당신이 구세주에게로 인도받는 대신에 유혹에 맞서는 데 필요한 자신의 경계심과 힘의 원천을 오히려 내던져버린다면 당신은 죄의 지속적인 종살이에 빠져들어 분명히 계속해서 낙망할 수밖에 없게 될 것이다.

그러나 이러한 설명에 대해 결론을 내리기 전에, 나는 이와 같은 온전한 성화를 올바로 이해하기 위해서는 기꺼이 하나님의 뜻을 행하려는 마음이 필요하다고 지적하고 싶다. 만약 어떤 사람이 기꺼이 자기 죄를 포기하고 스스로 모든 불경건함과 세상의 정욕을 부인하려 하지 않는다면, 기꺼이 하나님을 섬기기 위하여 전적으로 자신을 구별하려 하지 않는다면 그 사람은 이와 같은 교리를 완전히 거부하거나 마음으로 받아들이지 않고서 단지 지적으로만 인정할 뿐이다. 이와 같은 교리나 복음의 어떤 다른 교리에 동의하지 않거나 그것을 실행하려고 자신을 낮추지 않는 것은 굉장히 위험한 마음 상태이다. 그러므로 우리는 온전한 성화에 이를 수 있다는 믿음을 바탕으로 하나님의 뜻에 기꺼이 순종하겠다는 전적인 의지를 갖춰야 한다.

지금까지 나는 내게 있는 수없이 많은 염려와 책임 때문에 이 주제에 관하여 그럴 수 있을 뿐만 아니라 마땅히 그랬어야 하는 정도로 충분한 논의를 이끌어오지 못했다. 나는 시대적 소명인 영적 대각성 부흥 운동에 대한 흥분과 수고를 아끼지 않는 와중에 이 글을 쓰고 있기는 하지만 내가 이 주제에 대해 지칠 대로 지쳤다고 생각하지는 않는다. 또한 다른 환경에 처해 있었더라면 지금까지 할 수 있었던 것보다 더 훌륭하게 쓸 수 있었을 것이라고 전혀 생각하지 않는다.

그러나 끔찍이 사랑하는 자들이여, 오직 나는 그와 같은 환경 아래서 내가 할 수 있는 일을 했을 뿐이며, 지금까지 계시의 커다란 중심 진리를 변호하느라 너무나 많은 말을 아껴두게 하신 하늘 아버지께 감사드린다. 그 진리란 그리스도의 성령으로 인한 모든 그리스도인의 온전한 성화이다.

자, 이제 주 안에서 복되고 사랑받는 형제자매들이여!

"내가 하나님의 모든 자비하심으로 너희를 권하노니 너희 몸을 하나님이 기뻐하시는 거룩한 산 제물로 드리라. 이는 너희가 드릴 영적 예배니라. 너희는 이 세대를 본받지 말고 오직 마음을 새롭게 함으로 변화를 받아 하나님의 선하시고 기뻐하시고 온전하신 뜻이 무엇인지 분별하도록 하라"(롬 12:1-2).

"평강의 하나님이 친히 너희를 온전히 거룩하게 하시고 또 너희의 온 영과 혼과 몸이 우리 주 예수 그리스도께서 강림하실 때 흠 없게 보전되기를 원하노라. 너희를 부르시는 이는 미쁘시니 그가 또한 이루시리라"(살전 5:23-24). 아멘.

"너희는 믿음 안에 있는가 너희 자신을 시험하고 너희 자신을 확증하라.
예수 그리스도께서 너희 안에 계신 줄을 너희가 스스로 알지 못하느냐.
그렇지 않으면 너희가 버림받은 자니라"(고후 13:5).

특·별·수·록

:
:

존 오웬의
죄를 죽이는
8가지 방법

특 · 별 · 수 · 록

존 오웬의 죄를 죽이는 8가지 방법

우리가 육체적 정욕으로 고통받을 때 우리 영혼을 안내해줄 구체적인 방법을 여기에서 다루고자 한다. 이것은 존 오웬이 그의 저서 「내 안의 죄 죽이기」(브니엘, 2018)에서 의도한 핵심 내용이기도 하다. 이 방법 중 어떤 것은 다른 것을 위한 선행조건으로 제시되는 준비 작업인 것도 있고, 어떤 것은 그 자체로 독자적인 안내 역할을 하는 것도 있다.

> "너희는 믿음 안에 있는가 너희 자신을 시험하고 너희 자신을 확증하라. 예수 그리스도께서 너희 안에 계신 줄을 너희가 스스로 알지 못하느냐. 그렇지 않으면 너희가 버림받은 자니라"(고후 13:5).

방법 1. 정욕에 동반되는
여러 위험한 징후를 살피라

먼저 당신의 정욕에 동반되는 여러 위험한 징후들을 숙고해보라. 즉 그 정욕이 치명적인 증상을 가지고 있는지 조사하라. 만약 그것이 치명적이라면 특단의 조치를 취해야 한다. 일반적인 수준에서 죄를 죽이려는 노력은 효과를 거둘 수 없다. 그렇다면 우리 안에 거하는 죄가 치명적임을 보여주는 위험한 징후는 무엇인가? 그 징후들은 다음과 같다.

▶ 고질적 습관

만약 어떤 죄가 당신의 마음을 오랫동안 타락시켜왔는데 그것의 위력을 물리치고 거기서 치유받으려고 노력하지 않았다면 그 죄의 병은 매우 심각한 것이다. 혹시 당신은 오랫동안 세상의 생각, 야망, 욕심으로 인해 하나님과 끊임없는 동행의 삶을 위해 필요한 다른 의무들을 저버리지는 않았는가? 아니면 수많은 날을 헛되고 어리석고 악한 생각으로 보내며 당신의 마음을 더럽히지는 않았는가? 만약 그렇다면 당신의 정욕은 매우 위험한 수위에 있다.

다윗의 경우가 그러했다. "내 상처가 썩어 악취가 나오니 나의 우매한 까닭이로소이다"(시 38:5). 마음속에 오랫동안 자리 잡은 정욕은 사람을 타락시키며 곪게 하고 짓무르게 하여 영혼을 비참한 상태로 만든다. 이럴 때 일반적인 처방으로는 치료할 수 없다. 이 정욕은 앞에서 언급한 온갖 수단을 동원해서 영혼의 모든 기능을 은근히 잠식하고 사람의 감정을 지배한다. 그래서 사람의 마음과 양심은 그것에 익숙해져서 전혀 낯설게 여기지 않고 오히려 자신의 습관인 것처럼 생각하기까지 한다. 실로 죄의 정욕은 이와 같은 방법으로 사람을 지배하며 때때로 자신의 존재를 사람들의 눈에 띄지 않도록 한다. 따라서 그러한 사람은 특별 조처를 하지 않는 한 이 세상에서 결코 평화를 맞볼 수 없다.

그 이유는 첫째, 특정 정욕을 오랫동안 죽이지 못한 것은 중생하지 못한 사람에게만 일어나는 죄의 노예 상태에서 비롯된 것일 수 있기 때문이다. 둘째, 오랫동안 특정한 죄의 정욕이 여러 모양으로 역사하여 마치 요지부동인 것처럼 역사하고 있을 때 그 정욕이 더는 자신을 괴롭히지 않을 것이며, 자신은 딴사람이 될 것이라고 다짐하는 일은 어불성설이기 때문이다. 아마도 이 특정 정욕은 당근과 채찍이라는 양면작전을 통해 영혼이 눈치채지 못하도록 자신의 존재를 오랫동안 숨겨왔을 것이다. 그리고 말씀을 통해 주어지는 각종 은사의 도전 앞에서 오랫동안 굴복하지 않은 채 있었을 것이다.

이렇게 고질적인 습관처럼 영향력을 행사하는 죄를 사람이 제거한다는 것은 확실히 쉬운 일이 아니다. 오랫동안 방치된 상처들은 종종 치명적이며 항상 위험하다. 속에 거하는 병은 계속 아무런 장애 없이 거하면서 더욱 난폭하고 완고해진다. 정욕은 그러한 속병으로 일단 사람 안에 습관으로 자리 잡게 되면 발본하기가 더욱 어려워진다. 그것은 스스로 죽는 법이 없기에 우리가 매일매일 그것을 죽이지 않는다면 그 위력은 분명히 점점 더 커질 것이다.

▶ 죄와 타협하려는 마음

내주하는 정욕의 힘 앞에서 복음적인 방법으로 그것을 죽이기보단 마음의 평화를 유지하기 위한 명목으로 그것과 은근히 타협하려는 것은 마음속에서 그 죄가 치명적인 수위로 발전했다는 또 다른 증거이다. 이러한 타협은 다음과 같은 방법으로 이루어질 수 있다.

첫째, 죄로 인한 생각으로 고통당할 때 그것을 파괴하려고 노력하기보다는 자신의 마음속에서 그런 죄의 속성 외에 다른 좋은 면이 있는지를 찾아보고, 그것을 찾게 되면 죄에 대해서 관용한다.

사람이 하나님과 가졌던 경험들을 다시 생각하고 기억하며, 그것들을 더욱 발전시키기 위해 노력하는 것은 좋은 일이다. 이것은 모든 성도의 마땅한 의무로서 구약과 신약에서 모두 권고하는 행동이다. 다윗도 이와 같은 일을 했다. "밤에 부른 노래를 내가 기억하여 마음으로 간구하기를"(시 77:6). 이렇게 해서 다윗은 주님이 자신에게 베풀어주신 이전의 은혜들을 기억했다. 이와 같은 행위를 바울도 우리에게 권면했다. "너희는 믿음 안에 있는가 너희 자신을 시험하고 너희 자신을 확증하라. 예수 그리스도께서 너희 안에 계신 줄을 너희가 스스로 알지 못하느냐. 그렇지 않으면 너희는 버림받은 자니라"(고후 13:5).

솔로몬이 말한 것처럼 시련과 시험의 때, 그리고 죄로 인해 마음이 괴로울 때 그와 같이 하나님의 은혜들을 묵상하면 그 은혜의 잔은 더욱 돋보이게 된다. 하지만 그와 같은 기억을 다른 목적으로 사용한다면, 즉 죄로 고통당하는 양심을 달래기 위한 목적으로 이용한다면 그것은 죄의 계책에 넘어가는 것이다.

사람의 양심이 하나님과 대면하고 하나님으로부터 그의 죄성이 꾸짖음을 받을 때, 그 죄를 그리스도의 보혈 피로 용서받고 성령으로 죽이기보다 오히려 전에 가졌던 좋은 경험들을 생각하며 위안을 얻고 하나님이 자신의 목에 놓은 멍에를 회피하는 일은 실로 위험한 행동이다. 그렇게 되면 그의 상처는 거의 치료가 불가능해진다. 유대인들은 그리스도의 가르침에 찔림을 받고 양심의 가책을 느꼈을 때 자신들이 아브라함의 자손들이며, 그래서 하나님으로부터 인정받은 백성들이라고 주장하며 자신을 위로하고 합리화했다. 그 결과 온갖 불경스러운 죄악으로 그들은 파멸하게 되었다.

어떤 의미에서 이것은 '스스로 자축하는 행위'라고 말할 수 있다. 그래서 "악화 일로에 있을지라도 자신 안에는 여전히 평화가 있다"라고 말하는 것과 같다. 이와 같은 태도 뒤에는 죄를 사랑하고 하나님에게서 오는 은혜와 평화를 무시하려는 심리가 있다. 실로 자신에게 임하는 분노를 피할 수만 있다면 하나님과 완전히 단절되지는 않지만 어느 정도 하나님과 거리를 두면서 세상에서 열매 없이 살아도 된다는 생각이다. 이러한 생각을 가진 사람에게 무엇을 기대할 수 있겠는가?

둘째, 죄를 죽이기 위해 신실하게 노력하는 대신에 죄를 은혜와 자비의 논리로 합리화하는 것도 죄와 타협하는 행위이다. 이런 합리화는 그 당사자의 마음이 얼마나 죄에 물들어 있는지를 잘 보여주는 표식이다. 림몬의 당에서 경배해야 하는 나만처럼(왕하 5:18) 사람이 자신의 마음속에 "다른 경우들은 하나님과 동행하겠지만 이 경우만은 나에게 자비를 베풀어주소서!"라고 은밀히 말한다면 그는 곧 비참한 상태에 빠지게 될 것이다.

실로 자비라는 핑계로 죄에 계속 안주하려는 것은 그리스도인의 신실성에 위배되는 짓으로 위선이다. 그것은 하나님의 은혜를 도리어 색욕거리로 만드는 셈이다(유 1:4). 하지만 유감스럽게도 하나님의 자녀들이 사탄의 간교와 그들의 불신앙으로 때때로 이와 같은 죄의 속임수의 함정에 빠진다. 만약 그렇지 않다면 바울은 우리에게 그와 같은 속임수에 대해 주의하라고 말하지 않았을 것이다.

실로 사람은 천성적으로 이처럼 육신적인 거짓 논리에 무엇보다도 쉽게 사로잡힌다. 그래서 육신은 '은혜'라는 핑계를 대고 더욱 방종하려고 한다. 그리고 자비와 관련된 말은 무엇이든지 귀를 쫑긋하고 낚아채서 자신의 타락한 목적을 위해 왜곡시킨다. 죽이지 못한 자신의 죄에 대해 이와 같은 은혜를 대입시켜 합리화하는 행위는 결국 복음이라는 도구를 통해 육신의 목적을 만족시키는 행동이다.

속은 인간의 마음이 자신의 죄를 합리화하기 위해 사용하는 방법은 이 외에도 많다. 이처럼 내면에서 죄를 합리화하는 사람은 결국 마음속에서 죄를 은밀히 좋아하게 된다. 그래서 비록 그의 의지는 전적으로 죄를 향해 있지는 않지만 어느 정도 그것에 기울어져서 조건만 맞으면 쉽게 죄를 짓는다. 그래서 그는 그리스도의 피로 죄에서 사함을 받고 죄를 죽이려 하기보다 다른 방법을 통해 죄의 고통에서 위안을 얻으려고 한다. 결국 이런 사람의 상처는 악취를 풍기며 썩게 되고 죽음의 문턱에 이르게 된다.

▶ 죄의 유혹에 동조하는 태도

죄의 정욕이 치명적인 수위에 이르렀음을 보여주는 또 다른 징후는 죄의 유혹이 성공을 거두고 빈번히 사람의 의지가 죄의 지배에 동조하는 경우이다. 사람의 의지가 죄를 기쁘게 받아들이고 그것에 동조할 때 비록 그 죄를 외형상 실제로 범하지 않을지라도 죄는 자신의 목적을 이룬 셈이 된다. 외형적인 기준으로 볼 때 사도 야고보가 말한 것 – 오직 각 사람이 시험을 받는 것은 자기 욕심에 끌려 미혹됨이니 욕심이 잉태한즉 죄를 낳고 죄가 장성한즉 사망을 낳느니라(약 1:14-15) – 처럼 실제로 죄를 짓지는 않지만 사람은 마음속에서 죄를 짓고자 하는 마음과 성향을 가질 수 있다. 그렇게 되면 죄는 성공을 거둔 것이다. 그래서 정욕이 사람의 영혼에 위력을 갖게 되어 그의 상태는 마치 중생하지 못한 사람처럼 나빠지고 위험에 처하게 된다.

정욕에 휘말리는 일을 의도적으로 하든 무심코 하든 간에 그 결과는 똑같다. 무심코 한다는 자체도 어느 정도 선택이 개입되어 있기 때문이다. 우리가 경계하고 주의할 부분에서 의무를 게을리하고 무심코 행한다면 그런 무심한 행동은 일부러 하는 행위와 같다. 즉 일부러 의무를 소홀히 하고 부주의한 것이 아닐지라도 부주의하게 행동하도록 상황을 몰아간 것이기 때문에 그 선택의 책임을 피할 수는 없다. 마음의 악은 대부분 무심결에 갑자기 들어와 자신이 어쩔 수 없이 동조한 것이기에 시간이 지나면 그 악이 어느 정도 경감되리라 생각하는 일은 잘못이다. 그렇게 무심결에 기습적으로 악이 들어오게 된 데는 마음을 지켜야 할 의무를 소홀히 한 자신이 주요 원인이다.

▶ 죄와 싸우지 않고 논쟁하는 자세

사람이 죄와 싸워야 할 때 앉아서 죄의 문제와 죄의 심판에 대해 논쟁만 한다면 그것은 죄가 그의 의지를 사로잡은 증거이며, 그의 마음속에는 사악함이 가득 차 있다는 징후이다. 이런 사람은 마음속에 죄와 정욕의 유혹에 대해 싸우지 않고 오직 타인들 사이에서 수치를 당하는 일과 하나님에게서 오는 지옥의 심판만을 두려워하기 때문에 죄의 심판이 없다면 충분히 죄를 짓고도 남을 사람이다. 그래서 결국 그의 행위는 죄를 짓는 것과 마찬가지가 된다. 진정으로 그리스도의 소유가 된 성도는 복음의 원리에 기초해서 순종하고 그리스도의 죽음, 하나님의 사랑, 그리고 죄의 혐오스러운 속성을 깨달아 하나님과 동행하며 죄를 죄로 여기고 경멸한다. 그래서 모든 죄의 유혹을 물리치고 마음속의 정욕과 투쟁한다.

요셉이 바로 그랬다. "내가 어찌 이 큰 악을 행하여 하나님께 죄를 지으리이까"(창 39:9). 이런 맥락에서 사도 바울도 이렇게 말했다. "그리스도의 사랑이 우리를 강권하시는도다"(고후 5:14). 또한 그는 "그런즉 사랑하는 자들아 이 약속을 가진 우리는… 육과 영의 온갖 더러운 것에서 자신을 깨끗하게 하자"(고후 7:1)라고 말했다. 반면 정욕의 힘에 이끌리는 사람이 복음의 무기가 아닌 율법만으로 정욕과 싸운다면, 다시 말해 전적으로 율법의 무기인 지옥과 심판을 갖고 죄와 싸운다면 죄가 그의 의지와 감정을 사로잡아 광범위한 영향을 미치게 될 것이다.

이와 같은 사람은 새롭게 하는 은혜를 저버린다. 그가 아직 파멸되지 않는 것은 그를 지탱하는 하나님의 은혜 때문이다. 하지만 은혜에서 멀어지게 된 사람은 결국 율법의 권세 아래로 떨어지고 만다. 그리스도의 가볍고 온유한 멍에를 팽개치고 철로 만든 무거운 율법의 멍에 아래로 들어가 정욕의 방탕함을 억제하고자 한다면 그것은 그리스도를 모욕하는 행위이다.

이 점을 다시 한번 생각해보라. 당신이 죄 앞에서 다음과 같은 선택의 기로에 서 있다고 가정해보자. 즉 계속 죄의 노예가 되어 전쟁터로 달려가는 말처럼 죄의 명령에 굴복해 어리석은 행동으로 치닫거나, 아니면 죄를 스스로 제어하기 위해 대항한다고 하자. 이때 당신은 당신의 영혼에 어떻게 말할 것인가? 그것으로 모든 게 끝나는가? 아니다. 결국 이 경주의 종착지는 지옥이 될 것이며, 거기서 복수의 심판이 당신을 기다릴 것이다! 그러므로 이제 당신은 자신을 돌아봐야 한다. 악이 문 앞에서 기다리고 있다. 성도들이 더는 죄의 지배를 받지 않는다고 주장한 바울의 주요 논점은 "성도들이 율법 아래 있지 않고 은혜 아래 있다"는 것이었다(롬 6:14).

율법적 관점에서 율법적 원리와 동기를 갖고 죄와 대항할 때 당신을 파멸로 이끄는 죄의 지배에서 당신이 해방될 수 있다고 어떻게 확신할 수 있는가? 그런 율법적 자세에서 죄를 억제하려는 노력은 결국 오래가지 못한다. 강력한 복음의 요새를 떠나 스스로 정욕과 맞서 싸우게 되면 그 정욕은 즉시 당신을 삼키게 될 것이다. 적과 싸울 때 천 배의 힘을 발휘하는 무기를 적에게 넘겨준다면 절대 당신은 적의 지배에서 해방될 수 없다. 당신이 율법적 태도에서 신속히 돌아서지 않는다면 당신이 두려워하는 일이 당신에게 엄습하게 될 것이다.

▶ 징계의 심판에 대한 무감각

당신이 정욕으로 인한 강퍅함, 또는 적어도 징계의 심판을 느끼지 못하고 더는 괴로워하지 않을 때 이것은 죄의 또 다른 위험한 징후이다. 하나님은 때때로 자신의 자녀들에게 죄나 정욕을 허락하셔서 그들을 당혹하게 하고, 그것을 통해 그들이 가졌던 죄, 태만, 그리고 어리석음 등을 교정하신다. 그래서 이스라엘은 하나님께 불평했다. "여호와여 어찌하여 우리로 주의 길에서 떠나게 하시며 우리의 마음을 완고하게 하시나이까"(사 63:17). 의심의 여지 없이 하나님은 이와 같은 방법을 중생하지 못한 불신자들에게도 사용하신다.

그러면 죄로 인한 찔림이 하나님의 징계의 손길인지 우리가 어떻게 알 수 있는가? 자신의 마음과 행동 양식을 살펴보면 알 수 있다. 지금 죄의 덫에 걸려 괴로워하기 전, 당신 영혼의 상태는 어떠했는가? 당신은 의무를 소홀히 하지 않았는가? 과도하게 자신만을 위해 살지 않았는가? 당신에게 회개하지 않은 죄가 있지는 않았는가? 하나님은 우리가 옛 죄를 기억하게 하려고 고통을 주실 뿐만 아니라 더 나아가 전혀 새로운 죄를 짓도록 허락하기도 하신다.

놀라운 은혜, 보호하심, 그리고 구원을 받았음에도 당신은 그것들을 계속 발전시키지 않고 감사하지도 않았던 것은 아닌가? 죄의 고통에 너무 길들여져 그 고통 뒤에 숨어 있는 하나님의 뜻을 이루기 위해 노력하지 않았던 것은 아닌가? 아니면 하나님의 섭리 속에서 하나님을 영화롭게 할 수 있도록 은혜로 주신 기회들 앞에서 최선을 다하지 않았던 것은 아닌가? 혹시 당신은 매일매일 많은 유혹을 통해 세상과 사람들에게 영합하지는 않았던가? 만약 당신이 이러한 상태에 있다면 깨어서 하나님을 구하라. 지금 당신은 주위에 분노의 폭

풍이 몰아치고 있다는 사실도 모른 채 영적인 잠을 자고 있다.

▶ 죄를 교정하려는 하나님을 방해하는 것

죄를 교정하려는 하나님의 방법을 정욕을 통해 방해한다면 이것은 심각한 죄의 징후이다. 이런 상태를 성경은 이렇게 말한다. "그의 탐심의 죄악을 말미암아 내가 노하여 그를 쳤으며 또 내 얼굴을 가리고 노하였으나 그가 아직도 패역하여 자기 마음의 길로 걸어가도다"(사 57:17). 이 말씀에서 하나님은 이스라엘의 죄를 교정하기 위해 고통을 주고 유기(遺棄)하는 방법들을 사용하셨다. 하지만 그들은 그 모든 하나님의 방법을 무시하고 오히려 저항했다. 이것은 정말 슬픈 일이다. 왜냐하면 이사야 57장 18절의 말씀처럼 인간은 오직 하나님의 주권적인 은혜를 통해서만 죄에서 벗어날 수 있기 때문이다. "내가 그의 길을 보았은즉 그를 고쳐줄 것이라. 그를 인도하며 그와 그를 슬퍼하는 자들에게 위로를 다시 얻게 하리라." 이 은혜는 사람의 힘으로 얻어지는 은혜가 아니다.

하나님은 때때로 자신의 섭리로 특정한 사람을 대면하고 그 마음의 죄를 말씀하신다. 요셉을 애굽에 판 요셉 형제들의 경우가 그런 예다. 이때 당사자는 자신의 죄를 숙고하게 되고 자신을 판단하게 된다. 이처럼 하나님은 제 뜻을 말씀하실 때 보통 위험, 고통, 고난, 질병 등과 같은 방법을 사용하신다. 어떤 때는 성경을 읽는 중에 어떤 구절을 통해 마음에 찔림을 주기도 하신다. 그래서 그가 자신의 상태를 깨닫고 일어서도록 역사하신다. 또한 매우 자주 말씀 전파, 죄를 자각하게 하는 성찬식, 회심, 그리고 덕을 세워주는 훈계의 방법 등을 통해 사람들을 만나신다. 그리고 종종 말씀의 칼을 통해 사람들을 다듬어가신다. 그리하여 사람들의 심장에 있는 정욕을 향해 직접 칼을 들이대어 죄인들을 놀라게 하고 그들이 마음의 죄악을 죽이도록 이끄신다.

그렇지만 사람이 자신의 정욕으로 인해 주님의 속박에서 벗어나고 그분의 멍에 줄을 끊는다면, 또한 죄로 인해 주님이 주시는 깨달음을 버리고 다시 옛 생활로 돌아간다면 그 영혼은 비참한 상태에 놓이게 될 것이다. 이런 사람에게는 이루 형용할 수 없는 죄악들이 동반하게 된다. 이때 그에게 하나님이 주시는 특정한 경고의 말씀은 하나님이 그를 무한히 사랑하신다는 표지이다. 실로 하나님의 사랑을 저항하는 행위는 하나님을 경멸하는 행위이다! 그런데도 하나님이 그런 죄인을 버리시지 않고, 분을 내어서 안식의 자리에 절대 들여보내지 않겠다고 맹세하시지 않는 것을 보면 그분의 인내가 얼마나 무한하신지 잘 알 수 있다!

위험한 죄의 징후는 이상에서 말한 것 외에도 많다. 주님이 귀신 들린 자를 고치시면서 "기도 외에는 이런 유가 나갈 수 없다"라고 하신 말씀은 정욕을 죽이는 문제에서도 적용된다. 일상적인 방법으로 죄를 죽인다는 것은 불가능하다. 오직 특별한 방법을 통해서만 죄를 죽일 수 있다. 그러므로 당신은 죄와 싸울 때 앞에서 말한 이러한 위험한 징후들이 있는지를 먼저 살펴야 한다.

방법 2. 죄의식, 죄의 위험, 죄의 사악함을 항상 인식하라

당신의 마음과 양심 안에서 다음과 같은 것들에 대해 변함없는 분명한 인식이 있어야 한다. 즉 첫째는 죄의식, 둘째는 당신을 괴롭히는 죄의 위험, 그리고 셋째는 그것의 사악함을 항상 인식해야 한다.

▶ 죄의식

사람이 정욕의 지배를 받을 때 정욕은 그 사람에게 죄의식을 느끼지 못하도록 속인다. 그래서 림몬의 당에 들어가 우상을 경배할 때 하나님도 그 정도는 봐주실 것으로 생각하게 된다. 또한 이것은 나쁘지만 다른 악에 비해 그렇게 나쁜 것은 아니라고 구실을 대도록 한다. 하나님의 자녀 중에도 이런 생각의 틀 속에서 행동하는 사람들이 있다. 그리고 실제로 그들 중에 어떤 사람은 무서운 죄의 함정에 빠지기도 한다!

죄가 사람의 마음을 속여 올바른 죄의식을 갖지 못하도록 하는 데는 여러 가지 방법이 있다. 죄는 요란한 광기를 일으키며 사람의 마음을 어둡게 하고 올바른 판단능력을 흐리게 한다. 다시 말해 당혹스러운 논리, 사람을 무력하게 하는 달콤한 약속, 혼란스럽게 하는 욕망, 하나님의 자비에 대한 지나친 신뢰, 잘못된 목적으로 죄와 싸우도록 유도하는 것과 같은 방법들을 통해 비등해가는 정욕을 의식하지 못하도록 사람의 마음을 뒤흔드는 것이다. 그래서 호세아 선지자는 정욕이 절정에 이를 때 그것이 어떤 결과를 가져오는지를 이렇게 말했다. "음행과 묵은 포도주와 새 포도주가 마음을 빼앗느니라"(호 4:11). 여기서 마음이라는 단어는 성경에서 종종 판단력, 지혜, 통찰력 등을 의미한다.

죄의 정욕의 힘은 중생하지 못한 사람들에게 최고조에 달하지만 부분적으로 중생한 사람들에게도 비슷하게 역사한다. 솔로몬은 음녀에게 유혹받는 자를 어리석은 자라고 말하면서 그런 자를 "지혜 없는 자"(잠 7:7)라고 지칭했다. 그렇다면 왜 그와 같은 사람이 어리석은가? 그 이유에 대해 솔로몬은 잠언 7장 23절에서 "그의 생명을 잃어버릴 줄 알지 못함" 때문이라고 말한다. 이 어리석은 사람은 자신의 죄에 대해 의식하지 못한다.

같은 의미에서 주님은 에브라임에 대해 그의 방법이 효과가 없는 이유를 이렇게 말씀하셨다. "에브라임은 어리석은 비둘기같이 지혜가 없어서"(호 7:11). 한마디로 에브라임은 자신의 비참하고 곤고한 상태를 이해하지 못했다. 다윗은 율법의 잔 아래서 수많은 변명을 통해 자신의 혐오스러운 죄의 추악함과 죄성을 제대로 보지 못했다. 하지만 그가 분명한 죄의식을 가졌다면 그처럼 오랫동안 죄에 사로잡혀 있지는 않았을 것이다. 그래서 나단 선지자는 다윗의 죄를 질책할 때 먼저 다윗의 모든 변명과 구실을 비유를 통해 일축했다. 그러자 비로소 다윗은 온전히 자신의 죄를 인식할 수 있었다.

이처럼 정욕은 사람의 마음을 어둡게 하여 죄를 올바로 인식하지 못하도록 방해한다. 마음을 무력하게 하려고 정욕이 사용하는 방법은 매우 다양하기에 여기서 그 모두를 다룬다는 것은 사실상 불가능하다. 그러므로 확실히 죄를 죽이기 원하는 사람은 자신의 마음속에 있는 죄성에 대해 먼저 올바른 판단의식을 가져야 한다. 이런 판단의식을 갖는 데 도움이 되는 몇 가지를 생각해보자.

첫째, 죄는 마음속에 은혜를 간직하고 있는 사람에게는 그 위력이 약해서 다른 사람들의 경우처럼 그를 지배하지는 못한다. 하지만 그런 사람에게도 여전히 죄성이 남아 있기에 그의 죄성은 죄로 인해 더욱 악화될 수도 있다. "그런즉 우리가 무슨 말을 하리요. 은혜를 더하게 하려고 죄에 거하겠느냐. 그럴 수 없느니라. 죄에 대하여 죽은 우리가 어찌 그 가운데 더 살리요"(롬 6:1-2). 죄에 대하여 죽은 우리가 어찌 그렇게 할 수 있는가? 여기서 강조하는 것은 '우리'라는 말이다. 사도 바울이 나중에 표현한 것처럼 죄를 짓지 않기 위해서 그리스도의 은혜를 받은 우리가 어떻게 그런 일을 할 수 있겠는가? 실로 우리가 그런 일을 한다면 믿지 않는 사람들보다 더 악한 사람이 되는 것이다.

실제로 그런 일을 저지른 사람들에 대해 여기서 많은 이야기는 하지 않겠다. 하지만 확실히 그런 사람들은 사랑, 자비, 은혜, 도움, 구조의 손길, 필요한 자원, 그리고 구원을 다른 사람들보다 더 많이 대적하고 자신의 죄성을 더욱 악화시키고 있다. 그러므로 당신은 이 점을 항상 명심해야 한다. 즉 은혜를 받지 않은 사람들의 죄보다 은 혜를 받은 사람들의 죄가 더 사악하다는 점이다. 따라서 스스로 깨달아 반성해야 한다.

둘째, 하나님은 믿지 않는 사람들의 영광스러운 업적이나 하나님의 종들의 외형적인 행동보다 성도들 마음의 열망과 소원을 보시고 거기서 더 풍부한 아름다움을 느끼신다. 일반적으로 성도의 외형적인 행동은 그의 마음에 있는 은혜의 열망을 충족시키지 못하고 악에 치우치는 경향이 있다. 마찬가지로 하나님은 성도들의 마음속에 있는 정욕을, 사악한 사람들의 공개적인 악랄한 행동이나 성도들이 곧잘 외형적으로 짓는 죄보다 더 큰 악으로 여기신다. 그래서 그런 성도들의 마음을 더욱 질책하시고 그에게 더 많은 수치를 주신다. 종말에 예수 그리스도는 타락한 자녀들을 다루실 때(계 3:15), 그들의 뿌리를 감찰하시고 겉으로 하는 그들의 신앙고백을 무시하신 채 "내가 네 행위를 아노니"라고 말씀하시며, 그들의 마음이 입으로 말한 것과 다름을 지적하시고, 그들을 향해 스스로 가증스러운 존재가 되었음을 꾸짖으실 것이다. 당신은 이와 같은 사실을 깨닫고 자신

안에 거하는 죄성에 대해 분명한 인식을 갖기 위해 노력해야 한다. 그래서 마음을 약화시키거나 변명하게 하는 생각들을 청산하고 죄가 힘을 발휘하지 못하도록 해야 한다.

▶ 죄의 위험들

첫째, 히브리서 3장 12~13절에서 바울은 죄의 속임수로 인해 우리가 강퍅해질 수 있음을 다음과 같이 지적했다. "형제들아 너희는 삼가 혹 너희 중에 누가 믿지 아니하는 악한 마음을 품고 살아 계신 하나님에게서 떨어질까 조심할 것이요 오직 오늘이라 일컫는 동안에 매일 피차 권면하여 너희 중에 누구든지 죄의 유혹으로 완고하게 되지 않도록 하라." 바울의 핵심은 주의하고 모든 수단을 동원해서 자신의 시험을 깊이 생각하고 경계를 늦추지 말라는 것이다. 죄는 속임수를 통해서 우리의 마음을 강퍅하게 하고 하나님을 경외하지 못하도록 유혹한다.

여기서 강퍅함이란 완고함이라는 뜻이다. 실로 죄의 지향점은 바로 이런 완고함이다. 그러므로 모든 정욕은 발전해서 사람을 완악하게 만든다. 한때 온유했고 하나님의 말씀과 고난을 통해서 부드러워졌던 사람이 정욕으로 인해, 불경스러운 표현을 빌리자면 더는 설교 말씀이나 질병 앞에서도 찔림을 받지 않고 완고해진다. 또한 과거에 하나님의 사랑을 확신했고 죽음에 관한 생각과 하나님의 존전 앞에 서는 일로 두려워했던 사람이 마음에 완악함으로 인해 더는 그런 생각들에 동요되지 않는다. 그는 자신의 영혼 상태와 죄에 대한 지적을 당해도 전혀 개의치 않는다. 그리고 기도, 말씀 읽기, 예배와 같은 책임을 유기한다. 그러면서 그의 마음은 전혀 가책을 느끼지 못한다. 이런 상태에서 그에게 죄는 매우 하찮은 것이 되어 그것을 아무렇지 않게 여긴다.

그렇다면 죄가 이렇게 자라나면 그 종착지는 어디인가? 한마디로 참담한 상태이다. 다시 말해 죄, 은혜, 그리스도의 피, 천국과 지옥 등에 대해서 거의 생각하지 않는 상태에 이르게 된다. 그런 상태는 생각만 해도 끔찍하지 않은가? 그러므로 주의하라. 당신의 정욕이 노리는 것은 바로 이것이다. 심지어 정욕은 마음을 강퍅하게 하고 양심을 마비시켜 생각을 어둡게 하고 감정과 영혼을 속인다.

둘째, 죄의 위험은 죄가 이 세상에서 하나님의 징계를 불러일으킨다는 데 있다. 성경은 이 징계를 복수, 심판, 그리고 처벌이라고 말한다. "만일 그의 자손이 내 법을 버리며 내 규례대로 행하지 아니하며 내 율례를 깨뜨리며 내 계명을 지키지 아니하면 내가 회초리로 그들의 죄를 다스리며 채찍으로 그들의 죄악을 벌하리로다. 그러나 나의 인자함을 그에게서 다 거두지는 아니하며 나의 성실함도 폐하지 아니하며"(시 89:30-33). 하나님은 당신의 마음속에 있는 불경한 죄로 인해 당신을 완전히 버리지는 않지만 그분의 막대기를 통해 당신을 징계하신다. 즉 하나님은 당신을 용서하시지만 당신이 지은 죄에 대해서는 벌을 내려 그 결과에 책임지도록 하신다는 뜻이다.

다윗이 당한 고난을 기억해보라. 다윗이 압살롬을 피해 광야로 피신했던 일을 생각하고 그에게 향한 하나님의 징계 손길을 숙고해보라. 하나님이 분노 때문에 당신의 아이를 죽이고, 당신의 재산을 파괴하며, 당신의 뼈를 사르고, 당신을 죽이고 파멸시키며, 당신을 어둠 속에 가두었다면 당신은 그것을 대수롭지 않게 여길 수 있겠는가? 하나님이 당신 때문에 다른 사람들을 벌하고 죽일지라도 당신은 아무렇지도 않게 여길 수 있겠는가? 그렇다고 나의 말을 오해하지는 말라. 하나님이 자신의 백성을 항상 그런 분노로 대하신다는 뜻은 아니다. 여기서 내가 말하고자 하는 핵심은 하나님이 당신을 그와 같은 식으로 다루어 당신의 양심이 당신의 죄를 증거하게 만들 때 그 하나님의 징계 손길은 당신의 영혼에 매우 큰 고통이 된다는 뜻이다. 그런데도 이런 것들을 두려워하지 않고 계속 죄를 짓는다면 당신은 이미 강퍅함에 사로잡혀 있다는 방증이다.

셋째, 죄의 정욕의 위험은 사람의 일생 동안 평화와 힘을 빼앗아갈 수 있다는 데 있다. 하나님과 화평을 누리고 그분 앞에서 동행할 힘을 얻는 것은 은혜 언약의 위대한 약속이다. 바로 이와 같은 평화와 힘을 통해서 우리의 영혼은 삶을 얻는다. 만약 그런 것들이 없다면 우리의 삶은 죽은 것이나 마찬가지다. 하나님과 화평 가운데서 우리가 그분의 얼굴을 보지 못하고 하나님과 동행하는 힘을 상실한다면 그런 삶은 우리에게 더는 의미가 없다. 정욕을 죽이지 못할 때 그 정욕은 영혼에 이처럼 평화와 힘을 빼앗아간다. 이 진리를 우리는 다윗의 경우에서 극명하게 볼 수 있다. 다윗은 종종 죄로 인해 자신의 뼈가 쇠하며 자신의 영혼이 불안하고 자신의 상처가 중하다는 사실을 고백했다!

또 다른 예로 이사야 선지자는 이렇게 말했다. "그의 탐심의 죄악으로 말미암아 내가 노하여 그를 쳤으며 또 내 얼굴을 가리고 노하였으나"(사 57:17). 하나님이 얼굴을 가려 그분의 얼굴을 보지 못하는 영혼에 무슨 평화가 있을 수 있겠는가? 또한 하나님으로부터 징계의 채찍을 받은 영혼이 무슨 힘이 있겠는가? "그들이 그 죄를 뉘우치고 내 얼굴을 구하기까지 내가 내 곳으로 돌아가리라. 그들이 고난받을 때에 나를 간절히 구하리라"(호 5:15). 하나님이 그들을 떠나서 자신의 얼굴을 숨기신다면 어떻게 그들이 하나님으로부터 평화와 힘을 기대할 수 있겠는가? 당신이 한 번이라도 하나님과 평화를 맛보고 하나님의 분노를 두려워했다면, 그리고 한 번이라도 하나님과 동행하는 데 필요한 힘을 체험하고 자신의 연약함 앞에서 기도로 슬퍼하며 괴로워한 적이 있었다면 당신의 머리맡에 가까이 있는 이 죄의 위험성을 깊이 생각하기 바란다.

조금 지나면 당신은 하나님의 얼굴을 더는 보지 못할 수도 있다. 아마도 내일쯤이면 당신은 기쁨과 활기를 거의 잃은 채 기도, 성경 읽기, 설교 듣기 등과 같은 의무를 억지로 수행하게 될지도 모른다. 그리고 아마도 그 이후에 당신의 삶은 고요한 평화를 전혀 맛보지 못할지도 모른다. 그래서 당신의 생애 동안 당신의 뼈는 고통과 두려움으로 채워지게 될 수도 있다. 확실히 하나님은 자신의 화살을 당신에게 쏘아 고통과 불안, 두려움, 그리고 혼란에 빠지게 하실 것이다. 그래서 당신은 자신뿐만 아니라 다른 사람들에게 저주거리와 놀림거리가 될지도 모른다.

또한 하나님은 당신에게 매 순간 지옥과 분노를 보여주시고, 하나님이 당신을 얼마나 미워하는지 깨닫게 하여 당신을 놀라게 할지도 모른다. 그 결과 당신의 상처는 계속 흘러 마르지 않고 당신의 영혼은 위안받기를 거절하게 될 것이다. 오히려 당신은 살기보다 죽고자 할 것이며 당신의 영혼은 스스로 목매어 자살하려고 할 것이다. 하나님은 당신을 완전히 파멸시키지 않을지라도 당신을 그런 상황으로 몰아넣어 당신의 파멸을 생생하게 목도하도록 만들 수 있다는 사실을 명심하라. 당신은 이런 사실을 항상 숙지하고 그와 같은 상태의 의미가 무엇인지 깨달으라. 또한 이런 생각을 통해 두려움과 떨림으로 항상 깨어 있으라.

넷째, 죄에는 사람을 영원히 파멸시킬 수 있는 위험이 존재한다. 이 점을 제대로 논의하기 위해 먼저 우리는 다음과 같은 사실에 주목해야 한다. 즉 계속 죄를 짓는 삶은 필연적으로 영원한 파멸을 가져오기 때문에 그런 삶을 사는 사람들의 경우, 설사 하나님이 구원해주기를 원한다고 할지라도 그들을 영원한 파멸에서 건져낼 수는 없다. 사람이 계속해서 죄의 권세 아래 있다면 하나님으로부터 영원한 분리와 파멸의 위협이 그들을 사로잡게 된다. 이 점을 히브리서 3장 12

절과 히브리서 10장 38절이 잘 말해주고 있다. "형제들아 너희는 삼가 혹 너희 중에 누가 믿지 아니하는 악한 마음을 품고 살아 계신 하나님에게서 떨어질까 조심할 것이요." "나의 의인은 믿음으로 말미암아 살리라. 또한 뒤로 물러가면 내 마음이 그를 기뻐하지 아니하리라 하셨느니라."

결국 하나님의 규칙은 이와 같다. 즉 하나님을 떠나 불신앙을 통해 다시 죄악의 길로 돌아선 영혼은 하나님이 기뻐하시지 않기 때문에 그가 파멸할 때까지 계속 그에게서 분노가 떠나가지 않는다는 사실이다. 갈라디아서 6장 8절은 이 진리를 명확하게 말하고 있다. "자기의 육체를 위하여 심는 자는 육체로부터 썩어질 것을 거두고 성령을 위하여 심는 자는 성령으로부터 영생을 거두리라."

앞에서 묘사한 것처럼 타락한 죄의 권세 밑으로 다시 들어가 그것에 얽매이게 된 사람은 어떤 효력으로도 그를 파멸의 두려움에서 건져낼 수 없다. 또한 그는 언약에 대한 명확한 인식을 가질 수 없기에 주님으로부터 파멸의 심판이 오면 그는 크게 놀라게 되고 그것이 자신의 죄악된 행동의 종말임을 비로소 깨닫게 된다. 물론 성경이 "그리스도 예수 안에 있는 자에게는 결코 정죄함이 없나니"(롬 8:1)라고 한 말은 사실이다. 하지만 누구나 이와 같은 주장을 통해 위로를 받을 수 있는 것은 아니다.

그러면 어떤 사람이 그런 주장을 할 수 있는가? 그 해답은 "육신을 따르지 않고 그 영을 따라 행하는 사람"이다. 여기서 혹자는 로마서 8장 1절의 말씀은 결국 사람들에게 불신앙을 조장하는 것이 아닌가라고 반문할지 모른다. 결론적으로 말해 그렇지는 않다. 일반적으로 사람은 두 가지 측면에서 자신을 판단한다. 첫째는 자신의 인격이고, 둘째는 자신의 행동 양식이다. 내가 지금 말하고자 하는 것은 인격이 아니라 행동 양식에 관한 판단이다. 사람은 자신의 인격에 대해 좋은 증거를 갖고 호의적인 판단을 내릴 수 있다. 하지만 더 중요한 것은 자신의 사악한 행동 양식이 파멸을 가져다준다는 사실을 판단할 줄 알아야 한다는 점이다. 이런 판단능력이 없다면 그는 무신론자이다.

물론 사악한 행동 양식을 가진 사람들은 모두 그리스도에 대한 자신의 개인적인 관심의 증거들을 내팽개친다는 뜻은 아니다. 다만 그들이 그 증거들을 삶 속에서 지키지 못한다는 의미이다. 올바른 사람이라면 자신의 자아를 다음 두 가지 순서를 통해 정죄할 것이다. 첫째는 자신의 공과를 살펴서 자신이 하나님의 임재에 들어갈 자격이 없음을 깨닫는 것이다. 이런 깨달음은 신앙이 없는 사람들에게는 불가능하며 오직 믿음을 가진 사람만이 할 수 있다. 둘째는 그 결과와 관련해서 자신의 영혼이 저주를 받게 될 것을 인정하는 것이다. 이것도 모든 사람이 할 수 있는 일은 아니다. 결론적으로 성도는 자신의 사악한 행동 양식이 죽음에 이르게 한다는 사실을 판단할 줄 알아야 한다. 그래서 그런 판단을 통해 자극받고 죄에서 벗어나려고 노력해야 한다. 실로 우리 영혼이 죄의 정욕의 얽매임에서 해방되고

자 한다면 이점을 숙고해야 한다.

▶ 죄의 사악함

여기서 내가 말하고자 하는 것은 죄가 현재 우리에게 끼치는 악한 점들이다. 앞에서 말한 죄의 위험은 미래에 속하는 것이지만 죄의 악은 현재와 관련된 것이다. 정욕을 죽이지 못할 때 부수적으로 동반하는 많은 악에 대해 몇 가지 살펴보기로 하자.

첫째, 죄는 성도의 마음속에 거하도록 보내진 성령을 근심하게 한다. 그래서 사도 바울은 성도들을 향해 정욕과 죄에서 떠나라고 권면할 때 그 이유와 동기를 이렇게 말했다. "하나님의 성령을 근심하게 하지 말라. 그 안에서 너희가 구원의 날까지 인치심을 받았느니라"(엡 4:30). 바울은 하나님의 성령을 근심하게 하지 말라고 말한다. 그 이유는 성령을 통해 우리가 수없이 많은 은혜를 누릴 수 있기 때문이다. 그리고 그 은혜중에 가장 상징적 의미가 있는 은혜는 구속의 날까지 성령이 우리에게 인치심을 주시는 은혜이다.

부드러운 사람이 친구의 무례함을 보고 근심하는 것처럼 성령은 죄의 정욕을 보면 근심하신다. 성령은 부드럽고 사랑 가득한 모습으로 우리 영혼의 소원을 이루어주시기 위해 우리 안에 내주하신다. 이때 우리가 물리쳐야 할 대적을 여전히 마음속에 간직하고 있다면 성령은 그것을 보고 근심하신다. 우리에게 어떤 고통과 근심도 주시지 않는 성령(애 3:33)을 우리가 매일 삶 속에서 근심하게 한다면 정말 배은망덕한 일이 아니겠는가! 바울은 우리의 죄악이 하나님을 얼마나 노하게 하는지를 묘사하기 위해 때때로 성령이 "마음속으로 근심한다" 또는 "괴로워한다"라는 표현을 사용했다.

당신의 영혼에 은혜로운 정직함이 있고 죄의 속임수로 완전히 강퍅해져 있는 것이 아니라면 깨달음을 얻기 위해 다음의 사실을 명심하라. 즉 당신이 누구이며 무엇인지, 그리고 근심하게 된 성령은 무엇이며, 그 성령이 당신을 위해서 무엇을 했고, 당신의 영혼에 어떤 의미가 있는지 깊이 생각해보라. 또한 성령이 당신 안에서 이루어 놓으신 일은 무엇인지 깊이 살펴보라. 그렇게 되면 당신은 곧 수치심을 느끼게 될 것이다. 하나님과 동행하는 사람들이 마음과 생각을 항상 정결하게 하고 모든 영역에서 거룩함을 지키려고 노력하는 가장 큰 이유는, 그들 속에 거하여 그들을 하나님의 성전으로 만들고 그들과 만나주시는 성령 때문이다. 이 성령은 우리 안에 거하여 우리가 무엇을 갖고 즐거워하는지 주시하신다. 이때 우리가 우리의 성전을 정결하게 한다면 성령은 그것을 보고 크게 기뻐하실 것이다.

구약에서 시므리는 모세와 다른 사람들이 보는 앞에서 창녀를 회중 가운데로 데려와 이스라엘을 근심하게 한 적이 있다. 이것은 시므리가 저지른 가장 큰 죄악이었다(민 25:6). 마찬가지로 하나님의 성령이 성도의 마음에 있는 성전을 정결하게 하려고 불꽃 같은 눈으로 살피시고 있을 때 우리가 죄의 정욕을 마음속에 데려와 마치 성도에게 당연한 일인 양 죄에 비위를 맞추려고 한다면 이것은 정말

큰 악이 아닐 수 없다.

둘째, 죄는 예수 그리스도에게 다시 상처를 입히는 악을 행한다. 또한 우리 마음속에 있는 새사람도 그 죄를 통해 상처를 입게 된다. 실로 죄는 그리스도의 사랑의 힘을 빼앗고 대적자인 사탄의 욕망을 채워준다. 죄의 속임수를 통해 주님을 완전히 저버리는 행위는 주님을 다시 못 박는 행위와 같다. 그와 마찬가지로 주님을 멸하기 위해 왔던 죄를 다시 마음에 품는 행위도 주님께 상처를 주고 주님을 근심하게 만든다.

셋째, 죄는 이 세상에서 사람의 유용성을 말살시킨다. 그래서 죄의 지배 아래 놓인 사람은 아무리 노력할지라도 하나님의 축복을 거의 받지 못한다. 만약 그가 설교자라면 하나님은 그의 사역의 훼방꾼이 되어 결국 그를 불구덩이 속에서 사역하도록 만드실 것이다. 그 결과 하나님의 일을 하면서도 그는 실제로 아무런 성취도 이루지 못하게 된다. 이것은 다른 상황에서도 마찬가지다. 실로 이 세상은 신앙을 공언하지만 자신을 괴멸시키는 불쌍한 영혼으로 가득 차 있다. 정말로 아름다운 영광의 빛 속으로 걸어가는 사람들은 매우 극소수이다! 대부분의 사람은 황폐하여 거의 쓸모없는 사람들이다.

그 원인은 여러 가지로 설명될 수 있다. 특별히 우려되는 점은 많은 사람이 마음속에 자신의 영을 삼키는 정욕을 계속 품고 있다는 사실이다. 이들의 정욕은 벌레처럼 순종의 저변에 기생하여 매일매일 순종을 갉아먹는다. 그래서 은혜의 효력을 증진시키는 은혜의 모든 수단과 방편을 손상시킨다. 이때 하나님도 그런 이들을 방해하여 그들의 일이 성공하지 못하도록 역사하신다.

다음에서는 우리 영혼에 습관이 되어 있는 정욕과 대항하는 방법을 주제로 논의할 것이다. 결론적으로 당신은 앞에서 언급한 죄의 위험과 죄의 악들을 계속 염두에 두어야 한다. 그것들에 대해 잠시라도 생각을 멈추어서는 안 된다. 그러한 죄에 관한 생각으로 당신의 영혼이 강력한 도전을 받고 당신의 마음이 떨릴 때까지 계속 죄의 속성들을 묵상해야 한다.

방법 3. 내면 깊은 곳의
양심으로 죄를 느끼라

단순히 죄의식을 가졌다는 것으로는 불충분하다. 실제로 일어나는 죄의 분출과 동요를 보고 당신의 양심은 괴로워해야 한다. 이 점을 더욱 확실히 하기 위해서 다음과 같은 조치가 필요하다.

▶ 점점 구체적으로 죄를 느끼라.

첫째, 정직하고 거룩한 율법의 관점에서 당신 안에 나타나는 죄를 양심으로 느껴야 한다. 하나님의 율법을 당신의 양심에 가져와 타락한 당신의 성품을 율법 아래서 점검해야 한다. 그리고 그 율법을 통해 자극받기를 기도해야 한다. 율법이 갖는 거룩함과 영성, 불 같은 엄격함과 절대성, 그리고 내면성을 생각하고, 당신이 그 앞에서 어떻게 설 수 있는지를 살펴보라. 율법 안에서 주님이 얼마나 무서운 분이신지를 양심으로 크게 느끼라. 그리고 공의를 이루기 위해서는 당신의 범죄가 마땅히 응분의 대가를 치러야 한다는 사실을 양심으로 깨달아라. 아마도 당신의 양심은 그러한 생각을 회피하기 위해 다음과 같은 변명과 핑계를 늘어놓을지 모른다. 즉 율법의 정죄능력은 자신에게는 해당되지 않기 때문에 자신은 율법에서 자유롭다는 주장이다. 또한 당신은 율법에 순응하지는 않지만 적어도 그것으로 인해 자신이 괴로워할 필요가 없다는 것이다.

하지만 당신의 마음속에 정욕이 아직 죽지 않는 한 당신의 양심을 정죄하는 죄의 능력에서 자유로울 수는 없다. 이 사실을 인정한다면 율법은 당신에게 그동안 당신을 속여 왔던 죄의 정체를 보여줄 것이다. 이때 당신은 자신이 타락한 존재임을 깨닫게 될 것이다. 따라서 먼저 당신 안에서 율법이 말하는 것을 심사숙고하는 일이 급선무이다. 은밀한 마음 깊은 곳에서 율법의 정죄 능력에서 벗어난다고 항변하고 죄와 정욕에 대해 별로 신경을 쓰지 않는 사람은 복음의 입장에서 볼 때 비록 겉으로는 그런 행색을 낼지라도 그는 절대 그런 영적인 증거들을 가질 수 없다.

더욱이 율법은 하나님으로부터 위임장을 받아 죄인들을 잡아내고 하나님 보좌 앞으로 이끄는 역할을 한다. 이때 보좌 앞에서 죄인들은 자신을 변론해야 한다. 이것이 당신이 현재 처한 상황이다. 율법이 당신을 발견하게 되면 하나님 앞으로 당신을 끌어놓을 것이다. 거기서 당신이 용서를 구한다면 잘한 일이지만 그렇지 않다면 율법은 자신의 사명에 따라 당신을 정죄하게 될 것이다. 율법의 목적은 당신 안에서 죄를 발견하고 그 죄에 대해 당신의 영혼을 일깨워 겸손하게 하는 데 있다. 한마디로 그것은 죄를 반사시켜주는 거울이다. 여기서 당신이 자신의 죄를 대면하기를 거절한다면 그것은 믿음의 행위가 아니라 당신의 마음이 강퍅하고 죄의 속임수에 넘어갔다는 증거가 된다.

실로 신앙을 공언했던 많은 사람이 이와 같은 과정을 거쳐 배교했다. 그들은 율법에서 자신이 해방된 사람처럼 자부하고 율법의 안내를 전혀 받지 않았다. 그 결과 그들은 율법을 통해 자기 죄를 판단하길 거부했다. 그래서 이런 태도를 통해 조금씩 죄의 원리가 그들 안에 파고들어 그들의 실제적 이해력에 영향을 미치고 그것을 사로잡게 되자 그들의 의지와 감정은 불경한 모든 죄에 노출되고 말았다.

나는 이상의 논의를 토대로 정욕과 타락에 관해서 주님의 이름으로 말하는 율법의 소리에 당신의 양심이 부지런히 귀 기울일 것을 촉구한다. 실로 당신의 귀가 열려 있다면 율법의 소리에 당신은 떨림으로써 땅에 엎드려지고 당신의 내면은 놀람으로 가득 차게 될 것이다. 당신이 진정으로 타락한 행동을 죽이고자 한다면 당신 양심을 율법에 묶어 율법에서 핑계를 대고 벗어나지 못하도록 해야 한다.

그리고 철저히 죄를 인식하고 다윗이 말한 것처럼 "내 죄가 항상 내 앞에 있나이다"(시 51:3)라고 고백할 수 있어야 한다.

둘째, 당신은 당신의 정욕을 복음의 빛 속에서 조명해야 한다. 이것은 복음에서 위안을 받기 위함이 아니라 더욱 자신의 죄를 인식하기 위함이다. 당신이 찌른 주님을 바라보고 비통해하라. 그리고 당신의 영혼에 이렇게 말하라.

"내가 무엇을 했는가? 내가 어떻게 그 큰 사랑과 자비, 보혈, 은혜를 경멸하고 짓밟았는가! 하나님 아버지의 사랑과 아들 하나님의 피, 그리고 성령의 은혜에 대한 보답이 이런 것이었는가? 나는 결국 이런 식으로 주님께 보상했는가? 그리스도의 죽음을 통해 씻음 받고 성령이 내주하게 된 나의 마음을 이런 식으로 내가 더럽혔단 말인가? 나는 이 더러운 먼지에서 벗어날 수 있는가? 사랑의 주 예수님께 나는 무엇이라고 말할 수 있겠는가? 어떻게 그분 앞에서 뻔뻔스럽게 머리를 들 수 있겠는가? 그분과의 교제를 너무나 소홀히 다루어 나의 정욕으로 인해 나의 마음속에 그분의 설 자리가 사라진 것은 아닌가? 이 큰 구원을 무시한 내가 어떻게 심판을 회피할 수 있단 말인가? 마음속에 정욕을 품기 위해서 사랑, 자비, 은혜, 선하심, 평화, 기쁨, 위로 등을 모두 저버리고 그것들을 너무나 하찮게 여긴 것은 아닌가? 하나님 아버지의 도움을 받았던 내가 오히려 그분의 얼굴 앞에서 그분을 노하게 했단 말인가? 나의 영혼이 씻김을 받았던 이유가 단지 새로운 죄를 짓기 위함이었는가? 나는 그리스도의 죽음의 목적을 훼손시키는 행동을 계속할 것인가? 나의 구속의 날까지 인치심을 주는 성령을 매일 근심시킬 것인가?"

그리고 매일 당신의 양심에게 이렇게 약속하라. "죄로 악화되기 전에 죄에 맞서 양심을 세우겠다!" 만약 당신이 이렇게 다짐하지 않는다면 두렵건대 당신은 매우 위험한 상황에 놓이게 될 것이다.

▶ 구체적인 은혜와 죄성을 숙고하라.

다음으로 당신을 향한 하나님의 구체적인 방법에 대해 생각해보자. 복음의 일반적인 은혜 가운데는 구원, 칭의 등과 같은 것이 있다. 마찬가지로 당신은 그 은혜들이 구체적으로 당신의 영혼에서 어떤 사랑을 베풀었으며 그 사랑을 저버린 당신의 타락한 죄성이 구체적으로 무엇인지를 생각해봐야 한다.

첫째, 특별히 당신을 향한 하나님의 무한한 참으심을 고찰해야 한다. 만약 하나님이 당신의 죄를 보고 당신을 이 세상의 수치거리와 영원한 분노의 대상으로 만들려고 하셨다면 어떤 조처를 하셨을지 숙고해보라. 또한 당신이 때때로 그분께 어떻게 거짓을 행하며 반역했는지, 그리고 당신의 입술로 하나님께 아첨하면서 당신이 지금 추구하는 죄를 통해 그 모든 약속과 맹세를 어떻게 저버렸는지 생각해보라. 또한 그런 식으로 당신이 그분의 인내를 시험할지라도 주님이 때때로 당신을 용서해주셨다는 사실을 깨달아라. 실로 당신은 아직도 그분께 대항해서 죄를 지을 것인가? 여전히 그분을 싫증 나게 하고 주님께 당신의 타락한 행위에 동조하도록 계속 종용할 것인가?

당신은 종종 주님이 더는 당신을 참아주지 않을 것이라는 생각을 한 적이 있었는가? 그분이 당신을 버리고 더는 은혜를 베푸시지 않을 것이며 그분의 인내가 한계에 도달해 이제 지옥과 분노가 당신을 기다리고 있다고 생각한 적이 분명 있었을 것이다. 그러나 주님은 당신의 예상을 깨고 사랑으로 그런 당신을 지금까지 대해주셨다. 이런 은혜에도 불구하고 여전히 당신은 그분의 영광의 눈을 화나게 하는 일을 계속할 것인가?

둘째, 죄의 속임수로 인해 거의 강퍅해진 당신이었지만 하나님은 자신의 무한하고 풍부하신 은혜로 자주 당신을 회복시키고 그분과 다시 교제할 수 있도록 역사하셨다! 그동안 당신 안에 있는 하나님의 은혜는 점점 쇠퇴해서, 당신은 의무, 규율, 기도, 그리고 묵상 등과 같은 일에 흥미를 잃었었다는 사실을 당신도 인정하지 않는가? 또한 무절제하고 방탕한 삶이 기승을 부리고 거의 회복 불가능할 정도로 죄에 얽매였었다는 사실을 당신도 알고 있지 않은가? 더구나 당신은 하나님이 혐오하시는 악한 계층의 무리와 어울려 그런 일들을 즐거워하며 행했다는 사실을 알고 있다. 그런데도 마음을 강퍅하게 하려고 그런 일을 대범하게 계속할 것인가?

셋째, 하나님이 은혜의 섭리 가운데 당신에게 베푼 구원, 고통, 자비, 즐거움 등은 모두 나름대로 목적이 있다. 그러므로 당신은 그런 하나님의 섭리를 통해 당신의 양심에 죄의식의 짐을 지워야 한다. 그리고 당신 안에 거하는 타락한 죄들로 인해 그 상처를 인식하고 주님 앞에서 먼지를 뒤집어쓴 채 석고대죄하며 철저히 괴로워해야 한다. 이와 같이 하지 않는다면 당신은 절대 구원받지 못할 것이다. 당신의 양심이 죄의식을 희석시킨다면 당신의 영혼은 죄를 죽이려고 결코 힘쓰지 않을 것이다.

방법 4. 죄의 권세에서
해방되기를 끊임없이 갈망하라

일단 죄를 심각하게 인식하게 되면 그 죄의 권세에서 해방되기 위해 끊임없이 갈망해야 한다. 한순간이라도 당신의 마음속에 현재 상태에 만족하려는 생각이 있어서는 안 된다. 세상의 갈망은 사람이 추구하는 대상에 이르도록 자극할 뿐 그 외에는 아무런 가치나 효과도 발휘하지 못한다. 하지만 영적인 갈망은 다르다. 영적인 구원을 갈망하는 행위는 그 자체가 은혜이며 영혼이 그것이 추구하는 대상을 닮도록 강력한 힘을 발휘한다. 그러므로 사도 바울은 하나님의 뜻 안에서 고린도 교인들이 행하는 회개와 슬픔을 언급할 때 그들의 갈망은 그 자체가 역사하시는 하나님의 은혜라고 표현했다.

그렇다면 자신 안에 거하는 죄와 그 능력에 대해서 바울은 어떤 태도를 보였는가? 실로 그의 마음은 구원을 받기 위한 열렬한 갈망으로 충만해 있었다. 바울처럼 위대한 성인도 자신의 죄에 대항하고자 하는 강력한 열망이 있었다. 그런데 특정한 정욕의 광기와 권세로 당신이 그런 영적 열망을 희석시킨다면 어떻게 강력한 열망을 기대할 수 있겠는가? 죄에서 해방되고자 하는 열망이 없다면 당신은 절대 구원받을 수 없다.

이점을 진실로 깨닫는다면 당신의 마음은 경계심을 갖고 대적자와 싸우기 위해 자신에게 유리한 모든 수단과 기회를 강구해야 한다. 그리고 적을 물리치기 위해 주어지는 모든 도움을 사용해야 한다. 강력한 열망은 성도들에게 명령으로 주어진 "항상 기도하라"는 말의 본뜻이기도 하다. 강력한 열망을 가져야 하는 가장 큰 이유는 그런 열망을 통해 우리의 믿음과 소망이 힘을 발휘하게 되고 우리의 영혼이 하나님을 향해 움직일 수 있기 때문이다. 그러므로 당신의 마음속에서 항상 갈망하는 자세를 굳게 지켜야 한다. 그리고 바라고 울부짖어야 한다. 당신은 그런 다윗의 예를 잘 알고 있을 것이기에 더는 말하지 않겠다.

방법 5. 성품에 죄가
뿌리를 내리고 있는지 살피라

당신을 혼란에 빠뜨리는 죄가 당신의 성품에 침투하여

뿌리 내리고 당신의 체질로 정착하여 세력을 확산시키고 있는지 주의 깊게 살펴야 한다. 확실히 어떤 죄는 사람들의 기질과 성향으로 굳어져 있는 것을 볼 수 있다. 그런 경우에는 다음과 같은 점들을 조심해야 한다.

▶ 죄를 무조건 자신의 기질 탓으로 돌리지 말라.

어떤 사람은 불경스럽게도 공개적으로 자신의 죄를 자신의 기질이나 성향 탓으로 돌리려고 한다. 하지만 그런 식으로 그들이 죄책감에서 해방될 수 있을지는 두고 볼 일이다. 결론적으로 말해 우리의 성품이 타락하고 부패했기 때문에 우리의 천성적인 기질에 죄의 자양분이 자리 잡고 있다. 다윗은 자신의 죄가 줄어들지 않고 계속해서 죄를 짓는 이유를 "내가 죄악 중에서 출생하였음이여 어머니가 죄 중에서 나를 잉태하였나이다"(시 51:5)라고 말했다. 당신이 특정한 죄의 성향을 지녔다는 것은 당신의 성품 안에 정욕이 특정한 모습으로 분출되고 있다는 뜻이다. 그리고 그런 분출로 인해 당신은 수치를 당하는 것이다.

▶ 죄의 성향은 사탄에게 유리하게 작용한다.

따라서 하나님과 동행하는 삶과 관련해서 주시해야 할 점은 이와 같은 당신 죄의 기질과 성향으로 인해 사탄과 죄가 매우 유리한 상황을 선점하고 있다는 것이다. 그래서 당신에게 각별한 경각심과

주의, 그리고 부지런함이 없다면 그들이 당신의 영혼을 확실히 잡아삼킬 것이다. 실로 수많은 사람이 이와 같은 이유로 서둘러 지옥으로 떨어졌다. 만약 그렇지 않았다면 지옥으로 가는 그들의 행보는 하나님을 덜 자극하고 어느 정도 해악을 덜 끼치면서 천천히 진행되었을 것이다.

▶ 하나님의 방법으로 몸을 복종시키라.

천성적인 성품에 뿌리를 둔 죄성을 우리가 어떻게 죽일 것인가 하는 방법은 이미 앞에서 어느 정도 논의했고 앞으로도 계속 논의할 것이다. 하지만 여기서 추가로 그것을 위해 아주 특별한 방법을 소개하고자 한다. 그것은 사도 바울의 방법으로 "내가 내 몸을 쳐 복종하게"(고전 9:27) 한다는 것이다. 몸을 복종시키는 행위는 죄를 죽이기 위한 하나님의 명령이다. 이것은 죄의 천성적인 뿌리를 억제하고 죄의 기름진 토양을 제거하여 그것을 시들게 하는 것이다.

로마 가톨릭 교도들은(이들은 그리스도의 의와 성령의 사역에 대한 문외한이며 죄의 본질과 죄를 죽이는 일이 무엇인지 알지 못한다) 죄를 죽이는 문제를 오직 봉사와 고행을 자청하여 자신의 육체를 복종시키는 일로만 해석한다. 때문에 이들의 유혹으로 많은 사람이 하나님께서 직접 정하신, 소위 마련하신 방법을 무시한다. 하지만 몸을 복종시키기 위해 금식과 철야기도 등과 같은 방법으로 천성적인 욕구를 죽이는 일이 하나님께서 보시기에 합당하기 위해서는 다음과 같은 조건이 충족되어야 한다.

첫째, 자신의 몸을 외형적으로 손상시키고 약화시키는 행위 자체가 어떤 위력이 있거나, 그런 행위를 통해 자동으로 죄가 죽을 것으로 생각해서는 안 된다(그렇게 되면 우리는 죄의 규율의 속박으로 다시 돌아가게 된다). 대신 우리는 그런 행위가 죄의 천성적인 뿌리를 무력화시키기 위한 단순한 수단임을 인식해야 한다. 이것을 인식하지 않을 때 사람은 자신의 몸뿐만 아니라 영혼까지 쇠약하게 할수 있다.

둘째, 금식이나 철야기도와 같은 수단들이 그 자체에 어떤 마술적인 힘이 있기에 죄를 죽일 수 있다고 생각해서는 안 된다. 정말로 그러한 효과가 있다면 이 세상의 중생하지 않은 사람도 성령의 도움 없이 죄를 죽일 수 있게 된다. 이런 수단들은 성령께서 자신의 사역을 수행하기 위해서 때때로 사용하는 도구에 불과한 것이다. 가톨릭교도들은 중생에 관한 올바른 인식이 없기에 그와 같은 사실을 고려하지 않는다. 그러므로 그들이 죄를 죽이기 위해 취하는 행동은 성도들에게 적용될 수 있는 것이라기보다 들판의 말이나 짐승들에게나 적용될 수 있는 것들이다.

앞의 논의를 요약한자면 죄가 우리의 천성적인 기질이나 성향에 뿌리를 내리고 있는 상황에서 우리의 영혼이 해야 할 일은, 그리스도의 피와 성령에 의지해서 하나님의 방법으로 그와 같은 죄의 천성적인 뿌리들을 억제하도록 노력해야 한다는 것이다.

방법 6. 죄에 대항하여
항상 깨어 있으라

당신은 죄가 어떤 때에 힘을 발휘하고, 그것이 어떤 상황에서 자신에게 유리한 쪽으로 세력을 펼치는지 고찰하며, 항상 죄에 대항하여 깨어 있어야 한다. 예수님이 제자들에게 "깨어 있으라"(막 13:37)고 당부하신 말씀처럼 깨어 있는 것은 실로 우리의 의무이다. 누가복음 21장 34절은 깨어 있는 삶에 대해서 이렇게 말씀한다. "너희는 스스로 조심하라. 그렇지 않으면 방탕함과 술 취함과 생활의 염려로 마음이 둔하여지고." 한마디로 타락한 성품의 분출을 막기 위해서 깨어 있어야 한다는 지적이다. 다윗은 이 의무를 스스로 실천하려고 노력했다. "또한 나는 그의 앞에 완전하여 나의 죄악에서 스스로 자신을 지켰나니"(시 18:23). 그는 자신의 부정한 모든 행동 양식과 죄를 대적하기 위해 깨어 있었다. 이것이 바로 주님께서 우리를 부르시고 우리에게 행위를 돌아보라고 명하신 말씀의 의미이다.

한편 당신은 죄가 활개를 칠 때는 어떤 상황이며, 그것이 어떤 요소와 어떤 기회를 만날 때, 그리고 어떤 조건이 충족될 때 유리하게 전개되는지 생각해야 한다. 그래서 그런 것들을 주시하고 대항해야 한다. 육체의 질병을 당할 때 사람들은 자신에게 해로운 음식이나 공기, 그리고 환경 등을 피하게 된다. 영혼의 질병은 육체의 병보다 더 중요하지 않는가? 죄의 상황을 대수롭지 않게 여기고 오히려 즐기는 사람은 결국 죄를 짓게 된다. 이 사실을 명심하기 바란다. 죄 유혹의 모험에 빠져드는 사람은 결국 죄를 지을 수밖에 없다.

방법 7. 처음부터 죄에 대해
결사적으로 대항하라

죄의 모습이 처음 나타날 때 당신은 그것에 대해 결사적으로 대항해야 한다. 그 죄가 당신의 마음 밭에 절대 서지 못하도록 항거해야 한다. "이 죄는 여기까지만 진행되고 더는 진척되지 않을 것이다"라고 말하며 자신을 속여서는 안 된다. 죄는 일단 한 걸음을 내디디면 그다음 발걸음을 취한다. 죄가 진행되지 못하도록 그것을 묶어둔다는 것은 거의 불가능하다. 그것은 마치 강바닥에 흐르는 물과 같다. 그래서 죄가 일단 자리를 잡게 되면 물줄기처럼 자신의 경로를 따라 멈추지 않고 계속 흐른다.

그러므로 분출된 죄를 더는 진행되지 못하도록 막는 일보다 차라리 처음부터 그것을 원천봉쇄하는 일이 더 쉽다. 야고보는 우리에게 죄를 처음부터 막아야 한다는 사실을 지적하기 위해 죄가 어떻게 단계적으로 진행되는지를 잘 설명해주었다. "오직 각 사람이 시험을 받은 것은 자기 욕심에 끌려 미혹됨이니 욕심이 잉태한즉 죄를 낳고 죄가 장성한즉 사망을 낳느니라"(약 1:14-15).

혹시 당신의 생각이 타락한 죄로 인해 물들려는 조짐이 있는가?
만약 그렇다면 그 죄가 목적을 달성할 때 나타나는 결과를 생각하고
미리 사력을 다해 싸우라. 당신에게 정결하지 못한 생각들이 어떤
결과를 가져오는지 숙고하라. 확실히 그것들은 당신이 어리석음과
더러움에 처하도록 만들 것이다. 또한 시기심의 종말이 무엇인지를
생각하라. 결국 그 종착지는 살인과 파괴이다. 이런 죄가 당신을 비
천하게 만든다는 사실을 인식하고 더욱 강렬히 그것들에 대항하라.
이런 투쟁의 자세 없이는 절대 승리할 수 없다. 죄가 일단 감정을 사
로잡아 당신이 죄를 기뻐하게 된다면 죄는 다시 이성에 침투하여 죄
를 가볍게 여기도록 조종할 것이다.

방법 8. 자신의 사악함을
깨닫고 겸손하라

자신의 사악함을 깨닫고 겸손한 자세를 유지하기 위해
서는 항상 다음과 같은 사실을 깊이 묵상해야 한다.

▶ 하나님의 탁월한 위엄을 묵상하라.
하나님의 탁월한 위엄을 묵상하면서, 그것과 비교하면 너무나

동떨어진 자신의 초라한 모습을 생각해보라. 이와 같은 생각을 많이 하게 되면 당신은 자신의 사악함을 깨닫게 되고 속에 거하는 죄의 깊은 뿌리를 잘라낼 수 있다. 욥은 하나님의 위대하심과 탁월하심을 마침내 보게 되었을 때 수치심으로 자신을 부정할 수밖에 없었다. "내가 주께 대하여 귀로 듣기만 하였사오나 이제는 눈으로 주를 뵈옵나이다. 그러므로 내가 스스로 거두어들이고 티끌과 재 가운데에서 회개하나이다"(욥 42:5-6). 하나님의 위대하심을 나중에 깨달았던 하박국 선지자는 어떠했는가? 하박국 3장 16절을 보라. "내가 들었으므로 내 창자가 흔들렸고 그 목소리로 말미암아 내 입술이 떨렸도다. 무리가 우리를 치러 올라오는 환난 날을 내가 기다리므로 썩이는 것이 내 뼈에 들어왔으며 내 몸은 내 처소에 떨리는도다."

또한 욥은 하나님의 위험에 대해 "북방에서는 황금 같은 빛이 나오고 하나님께는 두려운 위엄이 있느니라"(욥 37:22)고 고백했다. 이러한 하나님의 위엄과 관련해서 옛날 사람들은 하나님의 얼굴을 본 자는 모두 죽게 된다고 생각했다. 성경은 사람의 비천한 상태를 깨닫게 하려고 하나님과 비교하여 이 땅의 인간들을 '메뚜기' '헛된 것' 또는 '티끌'로 비유했다(사 40:22-24). 마음의 교만을 제거하고 영혼을 겸손하게 하기 위해서는 자신의 비천함을 깊이 깨달아야 한다. 죄의 속임수에 항거할 때 이와 같은 생각만큼 큰 힘을 발휘하는 것도 없다. 그러면서 동시에 하나님의 위대함을 깊이 묵상해야 한다.

▶ 자신의 지식이 미천함을 묵상하라.

하나님에 대한 자신의 지식이 미천하다는 사실을 깊이 묵상하라. 비록 자신을 낮추고 겸손할 정도의 지식은 있다 할지라도 그분에 대한 당신의 지식은 정말로 초라한 것이다! 지혜로운 사람은 이와 같은 성찰을 통해 자신에 대해 다음과 같은 사실을 깨닫는다. "나는 다른 사람에게 비하면 짐승이라. 내게는 사람의 총명이 있지 아니하니라. 나는 지혜를 배우지 못하였고 또 거룩하신 자를 아는 지식이 없거니와 하늘에 올라갔다가 내려온 자가 누구인지 바람을 그 장중에 모은 자가 누구인지 물을 옷에 싼 자가 누구인지 땅의 모든 끝을 정한 자가 누구인지 그의 이름이 무엇인지 그의 아들의 이름이 무엇인지 너는 아느냐"(잠 30:2-4).

이와 같은 성찰을 함으로써 우리는 교만한 마음을 낮추기 위해 노력해야 한다. 당신은 하나님에 대해서 무엇을 알고 있는가? 정말로 당신의 지식은 빈약하기 짝이 없다! 속성상 하나님은 정말로 광대하신 분이다! 과연 그 영원의 심연을 당신은 두려움 없이 쳐다볼 수 있겠는가? 당신은 그분의 영광스러운 존재의 빛을 감당할 수 없다.

그리스도를 통해 아들의 신분이 되어 담대히 은혜의 보좌에 나아가면서 계속해서 하나님과 동행하게 될 때 앞에서 말한 그런 생각이 나에게 큰 도움이 되었기 때문에 이 점을 좀 더 구체적으로 설명하고자 한다. 내가 이렇게 하는 이유는 하나님과 겸손하게 동행하기를 원하는 영혼들에 이 생각의 필요성을 확실히 각인시켜주기 위함이다.

마음속으로 하나님의 위엄을 계속해서 경외하기 위해서, 무엇보다 먼저 최고의 업적을 성취하며 하나님과 가장 친밀한 교제를 나눈 위인들일지라도 그들이 세상에서 가졌던 하나님에 대한 지식은 매우 보잘것없었음을 숙고해야 한다. 하나님은 모세에게 자신의 이름을 밝히셨고 언약을 통해 자신의 가장 영광스러운 속성들을 계시하셨다. 그런데도 모세가 본 것은 모두 하나님의 뒷모습에 불과했다(출 34:5-6). 따라서 하나님에 대한 모세의 지식은 그분의 온전한 영광과 비교하면 매우 작은 것이다.

특별히 성경은 모세를 언급하는 문맥에서 하나님을 본 사람은 아무도 없다고 말씀한다(요 1:18). 사도 요한은 모세를 그리스도와 비교하고서 그 어떤 사람도, 심지어 사람 중에 가장 탁월했던 모세조차도 하나님을 보지 못했다고 진술한다. 우리는 온종일 하나님에 대해 말하고 그분과 그분의 일, 그리고 그분의 가르침에 관해 이야기할 수 있다. 하지만 진실로 그분에 대해 아는 것은 매우 적다. 그분에 대한 우리의 생각, 묵상, 그리고 표현들은 천박해서 그분의 온전함에 크게 미치지 못하기 때문에 그분의 영광을 제대로 반영하지 못한다.

혹자는 여기서 모세는 율법 아래 있었고, 하나님은 어둠 속에서 자신을 숨기시고 희미한 예표나 구름, 그리고 모호한 제도들을 통해 자기 뜻을 나타내셨기 때문에 모세가 많은 것을 알 수 없었던 것은 당연하다고 주장할지 모른다. 그리고 지금은 복음의 영광스러운 빛으로 우리가 영생을 확실히 알게 되었고 하나님의 생각이 직접 계시된 상황이므로 지금 우리는 하나님을 전보다 훨씬 더 명확히 알 수 있다고 말할지 모른다. 즉 우리가 모세처럼 하나님의 뒷모습만 바라보는 것이 아니라 그분의 얼굴까지도 그대로 대면할 수 있다는 주장이다.

하나님이 자기 아들을 통해 우리에게 말씀하신 이후 하나님에 대한 우리의 지식과 옛날 율법 아래에서 성도들이 가졌던 지식 사이에는 엄청난 차이가 있음을 나도 인정한다. 물론 과거 그들의 눈은 우리의 눈처럼 예리하면서 분명했고, 그들의 신앙과 영적 이해는 우리에게 뒤지지 않았으며, 우리와 마찬가지로 그들 신앙의 대상도 영광스러운 것이었다. 하지만 그런데도 우리의 시대는 그들의 시대보다 더 명확하다. 즉 구름이 걷히고 밤의 그림자가 사라졌으며 태양이 떠오르고 전보다 훨씬 분명하게 사물을 볼 수 있게 된 것이다.

모세가 하나님의 은혜로 그분을 볼 수 있었기에 그가 본 하나님은 복음의 은혜를 통해 우리가 보는 하나님과 동일한 모습이었다. 하지만 그가 본 하나님의 모습은 성경에서 하나님의 뒷부분이라고 말하는 것처럼 하나님의 온전한 속성과 비교할 때 매우 낮은 모습이다.

사도 바울은 율법의 영광에 비교해서 복음의 빛의 영광을 높이 칭송하고 지금 어둠을 일으켰던 수건이 사라져 우리가 주님의 영광을 "수건을 벗은 얼굴"(고후 3:18)로 바라볼 수 있다고 말했다. 그러면서도 우리가 "거울을 보는 것같이"(고후 3:18) 그분을 본다고 말했다. 그렇다면 여기서 거울을 보는 것같이 본다는 말의 의미는 무엇인가? 온전하게, 그리고 분명하게 본다는 뜻인가? 분명히 그것은 아니다. 바울은 그 의미를 이렇게 말했다. "우리가 지금은 거울로 보는 것같이 희미하나"(고전 13:12). 여기서 거울은 우리가 멀리 있는 것을 볼 수 있도록 도와주는 망원경이 아니다. 이 거울은 사물을 뚜렷하게 볼 수 있도록 하는 기능이 없다.

그러므로 이 거울이 있다고 할지라도 우리는 사물에 대해 여전히 부족한 지식을 가질 수밖에 없다. 바울이 언급한 이 거울은 사물 자체를 보여주는 것이 아니라 사물의 형상을 희미하게 반영하는 유리 거울일 따름이다. 이 거울 안에 비친 희미한 형상을 바울은 우리의 지식과 비교했다. 또한 바울은 그 거울을 통해 우리가 보는 것은 '수수께끼'로써 어둠 속에 있다고 말했다. 확실히 당시에 누구보다도 분명하게 많은 것을 알았던 바울이지만 그는 우리에게 자신도 '부분적으로', 즉 천국의 실체에 대해 오직 뒷부분만을 보았다고 진술했다(고전 13:12).

또한 바울은 하나님에 대한 자신의 지식을 어린아이의 사물 지식과 비교했다. "내가 어렸을 때에는 말하는 것이 어린아이와 같고 깨닫는 것이 어린아이와 같고 생각하는 것이 어린아이와 같다가 장성한 사람이 되어서는 어린아이의 일을 버렸노라"(고전 13:11). 즉 부분적인 것으로 온전함에 크게 못 미치는 지식임을 고백한다. 확실히 이런 부분적인 지식은 나중에 없어지게 된다. 어린아이들은 처음에 추상적인 실재를 매우 빈약하고 불확실하게 이해한다. 하지만 신체와 지적 능력이 자라면서 그런 빈약한 개념은 사라지고, 그런 생각을 가졌다는 사실조차 잊어버린다.

아이들이 부모를 공경하고 신뢰하며 순종하는 것은 칭찬할 만한 일이다. 하지만 부모는 그들의 생각과 과학적 사고가 유치하고 어리석다는 사실을 잘 안다. 마찬가지로 우리가 높은 업적을 쌓아 스스로 자부할지라도 하나님에 대한 우리의 생각은 그분의 무한한 온전하심에 비추어보면 정말로 유치하기 짝이 없다. 하나님에 대해 우리가 가지고 있다고 생각하는 가장 정확한 개념(이것은 순전히 우리의 생각이다)조차도 대부분 매우 불완전한 것이다. 하지만 우리가 하나님 아버지를 사랑하고 공경하며 믿고 순종하기에 하나님은 우리의 이런 유치한 생각을 받아주신다. 결국 우리는 그분의 뒷모습만 보기 때문에 우리의 지식은 정말로 보잘것없음을 알아야 한다.

그런데도 고난 중에 우리가 힘을 얻고 위로를 받을 수 있는 이유는 우리가 "그의 참모습 그대로 볼 것"(요일 3:2)이라는 약속의 말씀 때문이다. 그때 우리는 "얼굴과 얼굴을 대하여 볼 것이요 지금은 내가 부분적으로 아나 그때에는 주께서 나를 아신 것같이 내가 온전히 알리라"(고전 13:12). 이 말씀을 거꾸로 생각하면 지금 여기서 우리가 보는 것은 그분의 실제 모습이 아니라 뒷부분이며, 그것도 온전한 영광이 아니라 어둡고 희미한 형상으로 본다는 사실을 암시한다.

시바의 여왕은 솔로몬에 대해 소문을 듣고 그의 위엄을 깊이 생각했다. 하지만 실제로 이스라엘에 도착해서 그의 영광을 보았을 때 자기 생각이 반쪽 진리였음을 깨달았다. 마찬가지로 우리도 지금 여기서 하나님에 대해 분명하고 고상한 위대한 지식을 가졌다고 자부할 수 있다. 하지만 나중에 그분의 존전 앞에 나아가게 되면 우리는 소리 질러 결코 그분을 제대로 알지 못했음을 고백하게 될 것이다. 실로 그분의 영광과 온전함, 그리고 은총의 억만분의 일도 제대로 우리가 생각하지 못했음을 깨닫게 될 것이다.

사도 요한은 우리 자신이 그때 어떻게 될 것이고, 어떤 모습으로 나타나게 될 것인지 알지 못한다고 말한다. "사랑하는 자들아 우리가 지금은 하나님의 자녀라. 장래에 어떻게 될지는 아직 나타나지 아니하였으나 그가 나타나시면 우리가 그와 같을 줄을 아는 것은 그의 참모습 그대로 볼 것이기 때문이니"(요일 3:2). 하물며 우리가 하나님이 어떤 분이시며 어떤 모습으로 나타나시게 될지 어떻게 알 수 있겠는가? 하나님이 어떻게 자신을 계시하는지, 또한 우리가 그분을 어떻게 알 수 있는지를 생각해보면 이 점은 더욱 분명해진다.

▶ 하나님의 무한하신 속성을 묵상하라.

결국 이 모든 것은 하나님이 그런 식으로 자신을 계시하시기 때문이다. 실로 하나님은 우리가 그분을 온전히 알 수 없다는 사실을 이미 말씀하셨다. 하나님은 자신을 보이지 않고 이해할 수 없는 분으로 설명하셨다. 그러므로 우리가 하나님을 있는 그대로 안다는 것은 불가능한 일이다. 따라서 하나님에 대한 우리의 지식은 주로 부정적인 측면에서 그분의 속성이 아닌 것들이 무엇인지에 초점을 맞출 수밖에 없다. 다시 말해 하나님은 죽으시지 않고 한계가 없으시다는 식으로 묘사하는 것이다. 즉 죽을 수밖에 없고 유한하며 제한된 우리와 달리 그런 속성이 없는 분으로 이해하는 것이다.

성경은 하나님의 영광스러운 속성에 대해서 다음과 같이 말씀한다. "오직 그에게만 죽지 아니함이 있고 가까이 가지 못할 빛에 거하시고 어떤 사람도 보지 못하였고 또 볼 수 없는 이시니 그에게 존귀와 영원한 권능을 돌릴지어다"(딤전 6:16). 하나님께 접근하여 그분을 볼 수 있는 피조물은 아무도 없다. 그 이유는 하나님이 볼 수 없기 때문이 아니라 우리가 그것을 감당할 수 없기 때문이다. 어둠이 조금도 없는 하나님의 빛은 피조물의 접근을 허용하지 않는다. 빛나는 태양도 육안으로 볼 수 없는 너무나도 연약한 우리가 어떻게 무한하신 광명의 빛을 볼 수 있겠는가?

바로 이런 연유에서 잠언의 지혜자는 자신을 짐승이라고 고백하고 자신에게 사람의 총명이 없음을 말했던 것이다. "나는 다른 사람에게 비하면 짐승이라. 내게는 사람의 총명이 있지 아니하니라"(잠 30:2). 그는 자신이 하나님과 비교해서 아무것도 아니라는 사실을 깨달았고 하나님의 일과 그분의 방법을 생각하자 자신의 모든 총명이 사라진 느낌을 받았던 것이다. 이와 같은 고찰 속에서 이제 구체적인 사안들을 살펴보자.

우리가 하나님의 존재와 관련해서 다른 사람들에게 무엇을 가르칠 수 있을 정도로 충분한 지식을 갖는다는 것은 거의 불가능하다. 때문에 일반 사물에 대한 표현 방식대로 마음속에서 하나님의 개념을 형상화한다면 결국 우상을 만드는 꼴이 되어 하나님을 진정으로 섬기기보다 우리 자신이 만든 하나님을 숭배하는 셈이 된다. 마음속에서 우리의 이해에 걸맞은 존재로 하나님을 형상화하는 것은 나무와 돌로 하나님을 만드는 것과 진배없다.

그러므로 하나님의 존재를 생각할 때 최선책은 그분의 존재에 대해 우리가 아무런 생각도 가질 수 없음을 인정하는 것이다. 어떤 존재에 대해 우리가 가질 수 있는 최고의 지식이 그 존재를 잘 모른다고 인정하는 것이라면 그 존재에 대한 우리의 지식은 확실히 매우 미천한 것일 수밖에 없다. 물론 하나님이 자신의 직접적인 가르침을 통해 우리가 하나님의 속성 일부를 정연한 표현들을 가지고 묘사할 수 있도록 하셨다. 하지만 우리가 그런 식으로 말한다고 그분의 속성 자체를 직접 안다는 것은 아니다. 실로 우리는 그것들을 알지 못한다. 우리가 할 수 있는 일은 고작 믿고 경배하는 것일 뿐이다. 단지 가르친 바대로 하나님이 무한하시고 전능하시며 영원하신 분임을 고백할 따름인 것이다.

물론 우리는 하나님의 무소부재하심, 광대하심, 무한하심, 그리고 그분의 영원성을 주제로 토론할 수는 있다. 하지만 단순히 말과 개념으로 이야기할 뿐이며 우리가 실제로 그것들을 아는 것은 아니다. 그렇다면 우리가 어떻게 그것들을 이해할 수 있겠는가? 만약 그것을 이해하려 한다면 아무것도 아닌 인간의 마음은 무한한 심연 속으로 빠져들고 말 것이다. 그런 것들을 생각하기에는 우리의 이해력이 너무나 조잡하다고 생각하지 않는가? 그러므로 이해하지 않는 것이 오히려 온전한 지혜의 모습이다. 실로 우리가 보는 것은 영원함과 무한함의 뒷모습에 불과하다.

같은 본질에서 세 개의 다른 인격이 존재하는 삼위일체의 교리를 우리는 어떻게 설명할 수 있겠는가? 이 진리는 아무도 이해하는 사람이 없기에 많은 사람이 부인해왔던 신비였다. 실로 그 말 하나하나가 매우 이해하기 어려운 신비였다. 성자 하나님의 나심, 성령의 나오심, 그리고 그 둘 간의 차이를 누가 정확히 설명할 수 있단 말인가?

하나님과 우리 사이에 있는 상상할 수 없는 무한한 괴리감으로 인해 우리는 어둠 속에 놓여 있다. 그렇기에 우리는 그분의 얼굴을 제대로 보지 못하고 그분의 온전하신 속성을 명확하게 이해할 수 없는 것이다. 우리가 하나님을 아는 방식은 그분의 존재를 통해서가 아니라 그분의 행위를 통해서다. 즉 그분의 본질적인 속성이 아니라 그분이 우리에게 행하신 선하심을 통해 그분을 알게 되는 것이다. 하지만 그런 지식도 욥이 말한 것처럼 매우 보잘것없는 것이다!

▶ 믿음으로 하나님을 깨달아라.

이 세상에서 하나님을 아는 방법은 오직 믿음을 통한 길밖에는 없다. 여기서 나는 인간의 마음속에 천성적으로 있는 신의식을 논의할 생각은 없다. 또한 사람들이 하나님의 창조 섭리를 보고 이성적으로 생각했던 신관에 대해서도 논하지 않을 것이다. 그들도 고백한 것처럼 그런 신관은 혼란스럽고 비천하며 보잘것없는 지난 세대의 모든 경험의 산물에 지나지 않는다. 그들은 하나님에 대한 지식을 알고 있다고 말하지만 빈약한 경험에서 나온 신지식으로 인해 마땅히 하나님을 경배하지 않은 채 하나님 없이 이 세상을 산다.

하나님과 그분의 경륜을 알 수 있는 유일한 방법은 믿음뿐이다. "하나님께 나아가는 자는 반드시 그가 계신 것과 또한 그가 자기를 찾는 자들에게 상주시는 이심을 믿어야 할지니라"(히 11:6). 그분을 알고 그분에게서 상을 받기 위해서는(이것들은 우리의 순종의 토대이다) 믿어야 한다. "이는 우리가 믿음으로 행하고 보는 것으로 행하지 아니함이로라"(고후 5:7). 믿음은 우리가 믿는 것을 잘못 형상화하고 표현하지 못하도록 막아준다. 이 믿음은 보지 못하는 것들의 증거이다. "믿음은 바라는 것들의 실상이요 보이지 않는 것들의 증거니"(히 11:1).

여기서 믿음의 성격에 대해 좀 더 이야기해보자. 실로 믿음과 관련된 현상들을 살펴보면 하나님에 대한 우리의 지식이 오직 뒷모습이라는 사실을 더욱 분명히 깨달을 수 있다. 우리의 믿음은 전도를 통해 우리가 보지 못한 주님을 증거받을 때 일어난다. 그래서 바울이 말한 것처럼 직접 보지는 않았지만 믿음을 통해 주님을 알게 되고 그분을 사랑할 수 있게 된다. 이처럼 믿음은 주님에 대한 증거의 말씀을 통해 생겨난다. 그러면 이렇게 생겨난 믿음의 성격은 무엇인가? 그것은 그 증거에 동의하겠다는 표시이다. 믿음은 그 증거를 증명했다는 표시가 아니다. 앞에서 말한 것처럼 그것은 우리의 능력 밖의 일이다. 이런 의미에서 우리의 믿음은 앞에서 관찰한 것처럼 거울처럼 희미하게 보는 것을 뜻한다. 따라서 이런 믿음을 통해 우리가 갖는 지식은 여전히 어둡고 매우 작다.

여기서 당신은 나의 말에 반박하여 그 모든 것은 사실이지만 그것은 오직 하나님을 예수 그리스도 안에서 계시된 방법대로 알지 못하는 사람들에게만 적용된다고 주장할지 모른다. 예수 그리스도 안에서 하나님을 아는 사람들은 다르다는 논리이다. 물론 성경은 다음과 같이 말씀한다. "본래 하나님을 본 사람이 없으되 아버지 품속에 있는 독생하신 하나님이 나타내셨느니라"(요 1:18). 또한 성경은 "하나님의 아들이 이르러 우리에게 지각을 주사 우리로 참된 자를 알게 하신 것"(요일 5:20)이라고 말씀한다. 그리고 하나님의 형상인 그리스도의 영광스러운 복음의 빛이 성도들의 마음에 비춘다고 말씀한다. "어두운 데에 빛이 비치라 말씀하셨던 그 하나님께서 예수 그리스도의 얼굴에 있는 하나님의 영광을 아는 빛을 우리 마음에 비추셨느니라"(고후 4:6).

그러므로 우리는 "전에는 어둠이더니 이제는 주 안에서 빛"이 되었다(엡 5:8). 더 나아가 바울은 우리가 수건을 벗은 얼굴로 주의 영광을 본다고 말했다(고후 3:18). 따라서 지금 우리는 어둠 속에서 하나님에게서 멀리 떨어져 있지 않다. 또한 우리는 아버지와 그 아들 예수 그리스도와 함께 사귀는 일이 가능해졌다(요일 1:3). 지금 하나님을 계시해주는 복음의 광채는 영광스러운 빛이다. 그것은 별빛이 아니라 우리에게 하나님의 아름다움을 보여주는 태양 빛이다.

이제 우리의 얼굴에는 수건이 걷혔다. 그러므로 불신자와 믿음이 약한 성도들은 여전히 어둠 속에 있을지라도 어느 정도 성장하고 괄목할 만한 신앙의 진보를 보인 성도들은 예수 그리스도 안에서 하나님의 얼굴을 분명하게 볼 수 있다고 말할 수 있다. 한편으로 우리모두는 하나님을 사랑하고 그분을 즐거워하며 그분을 섬기고 순종하며 그분을 신뢰한다고 할지라도, 그런 행위는 하나님에 대한 우리의 지식에 비하면 아직도 턱없이 부족하다. 그래서 그 지식을 온전히 실천한다고 말할 수 없다.

확실히 우리의 어둠과 연약함이 우리의 태만과 불순종의 구실이 되어서는 안 된다. 하나님의 온전하심과 탁월한 성품에 대한 지식만큼 신앙생활을 해온 사람이 과연 누가 있겠는가? 하나님이 우리에게 자신에 대한 지식을 알게 하신 목적은 하나님께 영광을 돌리도록 하기 위함이다. 즉 그분을 사랑하고 섬기며 믿고 순종하면서 죄를 용서하는 창조자 하나님께 마땅히 드려야 하는 영광과 존귀를 돌리도록 하는 데 있다. 우리 모두는 우리의 지식만큼 하나님의 형상으로 철저히 변화되지 않았음을 자각해야 한다. 우리가 우리의 은사들을 제대로 사용한다면 우리는 하나님으로부터 더 많은 신뢰를 받을 것이다.

다른 것과 비교해서 우리가 복음 안에서 예수 그리스도의 계시로 알게 된 하나님에 대한 지식은 영광스럽고 매우 특출한 것이다. 다른 식으로 얻은 하나님에 대한 지식은 이것과 비교하면 상대가 되지 않는다. 구약의 율법시대에 주어진 지식도 마찬가지다. 구약의 지식은 좋은 것의 그림자일 뿐 실체를 보여주지는 않는다. 이 점을 사도 바울은 고린도후서 3장에서 자세히 설명했다. 말세인 지금, 그리스도는 아버지의 품에서 나와 아버지를 계시하시고, 그분의 이름을 선포하시면서 하나님의 뜻과 계획을 율법시대의 그 어떤 방법보다 더 명확하고 탁월하게 보여주셨다. 앞의 대부분 논의에서 나는 이점을 보여주고자 했다. 다시 말해 복음 안에서 하나님의 뜻이 그어떤 다른 방법보다 더 명쾌하게 선포되었다는 사실이다.

신지식과 관련해서 성도와 불신자의 차이는 무엇을 안다는 것보다 아는 방법에서 극명히 나타난다. 실로 불신자 중에도 일부는 하나님에 대해 더 많이 알 수 있고 그분의 속성과 뜻을 여러 성도보다 더 많이 말할 수 있다. 하지만 그들의 지식은 올바른 방법으로 주어진 것이 아니다. 그들은 영적으로 구원받기 위해 그런 지식을 소유한 것이 아니다. 또한 거룩한 천상의 빛 속에서 그런 지식을 가진 것도 아니다. 성도의 탁월한 위치는 그가 많은 진리를 알고 있다는 데 있는 것이 아니라 비록 짧은 이해이지만 그 진리를 구원의 빛, 즉 하나님 영의 빛 속에서 바라본다는 데 있다. 그래서 그것을 통해 성도는 하나님과 교제를 나누게 되고 더는 호기심 어린 생각을 하지 않게 되는 것이다.

예수 그리스도는 말씀과 성령을 통해 자신에 속한 영혼들에 아버지로서의 하나님, 언약의 하나님, 갚아주시는 하나님을 계시하시고 모든 필요한 방법을 동원하여 이 세상에서 성도들이 하나님께 어떻게 순종해야 할지를 가르치신다. 그리하여 우리를 하나님의 품 안으로 인도하시고 나중에 천국에서 하나님을 기뻐하며 영원까지 살수 있게 하신다. 하지만 그 모든 사실에도 여전히 하나님에 대해 우리의 지식은 매우 적으며 우리는 그분의 뒷모습만을 바라볼 수밖에 없다는 한계가 있다. 그 이유를 다시 곱씹으면 다음과 같다.

첫째, 복음의 모든 계시의 의도는 하나님의 본질적인 영광을 드러내고 하나님을 있는 그대로 보여주는 데 있지 않다. 복음의 계시는 단순히 믿음, 사랑, 순종, 그리고 하나님께 나아갈 수 있는 은총을 얻기 위해 우리에게 필요한 하나님에 관한 지식을 계시하는 데 그 목적이 있다. 다시 말해 복음 계시의 목적은 유혹 가운데 있는 가련한 인생들에 합당한 믿음과 사역의 토대가 될 수 있는 지식을 보여주는 데 있는 것이다. 하지만 나중에 우리가 하나님의 부르심을 받고 천국에서 영원히 그분을 찬양하고 경배할 때는 하나님이 새로운 방법으로 자신을 보여주실 것이다. 그때가 되면 지금 우리 앞에 놓여 있는 그 모든 것은 그림자처럼 사라질 것이다.

둘째, 우리의 마음은 우둔하고 더뎌서 계시된 말씀 안에 있는 실체들을 제대로 분별하지 못한다. 그래서 하나님은 우리의 연약함 때문에 우리에게 하나님을 의지하게 하시고 그분의 말씀으로 자신을 계시하신 것이다. 또한 우리의 연약함으로 인해 하나님은 우리 영혼들에 이 세상에서 모든 지식을 깨닫도록 허락하시지 않는다. 그러므로 복음의 계시 방법이 명확하고 분명하지만 그 계시를 통해 갖는 우리의 지식은 매우 연약할 수밖에 없다.

결론으로 이제 지금까지 우리가 논의한 내용의 목적과 그 유용성을 생각해보자. 확실히 하나님의 형용할 수 없는 위대하심과 그분과 우리 사이에 있는 엄청난 괴리감을 우리가 제대로 인식한다면 우리의 영혼은 그분에 대해 거룩하고 두려운 경외심으로 채워져 모든 정욕과 맞서 싸울 수 있게 된다. 그러므로 하나님의 위대하심과 무소부재하심에 대해 경외하는 마음을 항상 잃지 말아야 한다. 그러면 우리의 영혼은 모든 불경스러운 행동을 경계하게 될 것이며 항상 하나님을 묵상하게 된다. 실로 하나님은 소멸하는 불이시다. 그러므로 하나님의 임재 앞에서 당신의 비천함을 알고, 당신의 천성이 그분의 본질적인 영광을 이해하기에는 너무나 왜소하다는 사실을 항상 자각하기 바란다. ■

■ 죄를 죽이고 더 나은 그리스도인으로 살아가기

이 책을 읽고 마음에 죄의 기회를 제공하지 않기 위해서
내가 가장 먼저 버려야 할 것은 무엇이라고 생각합니까?
잠잠히 성령님의 임재를 기다리면서 신앙고백서를 적어보세요.

■ 죄를 죽이고 더 나은 그리스도인으로 살아가기

이 책을 읽고 마음에 죄의 기회를 제공하지 않기 위해서
내가 가장 먼저 버려야 할 것은 무엇이라고 생각합니까?
잠잠히 성령님의 임재를 기다리면서 신앙고백서를 적어보세요.

■ 죄를 죽이고 더 나은 그리스도인으로 살아가기

이 책을 읽고 마음에 죄의 기회를 제공하지 않기 위해서
내가 가장 먼저 버려야 할 것은 무엇이라고 생각합니까?
잠잠히 성령님의 임재를 기다리면서 신앙고백서를 적어보세요.